บทสนทนาในชีวิตประจำวัน

3パターンで決める
日常タイ語会話
ネイティブ表現

[新装版]

Wako Shoji

語 研

　本書は，2014 年 7 月に刊行された『日常タイ語会話ネイティブ表現』の音声について，CD ブック仕様（CD を本に装着）から「音声無料ダウンロード付き」（MP3 形式）に仕様を変更した「新装版」です。MP3 形式の音声をダウンロードすることにより，パソコン，各種モバイル端末での音声学習を容易にいたします。内容面の変更については，変更はありません。

はじめに

　かつては若い女性がショッピングや観光に手軽に行けるところとしてタイは人気のスポットでしたが，現在では企業の駐在員とその家族はもちろん，ロングステイで滞在する方々も増えています。さらにタイの経済発展に伴って日本へ観光にやってくるタイ人も激増したため，日本でタイ語のガイドしたいという人たちも増えています。本書はそのような幅広い層の方々の会話をサポートするのが目的です。

　タイ語の会話の本では今まで入門，初級レベルのものが多く出版されてきたため，入門レベルを終えた方々の会話の本はたいへん少ないのが現状です。本書では，挨拶のようなやさしい会話から，情報を伝える，意思を伝える，依頼する，などのより高度な表現までを，目的別，状況別にそれぞれ3パターンで表現してあります。こんな時はどう言ったらいいのだろう，という疑問に応えられる表現をそろえました。場面設定は家族，親しい友人，現地法人の同僚などの対話が多いため，語末の丁寧語（男性のクラップ，女性のカ）がついていない文も多いですが，実際に使われるときは必要に応じてつけるかどうかを決めてください。

　タイ文字を読めない方のために発音記号を併記してあります。ポイントのところでは単語毎にカタカナ表記もあります。音の微妙な違いは音声を聞きながら，発音してみる，を繰り返してください。繰り返し口に出して言ってみて，実際に使えるようにマスターしていきましょう。本書の練習で表現の幅が広がって，さらに会話を楽しむことができることを願っております。

　最後に企画から編集，校正まで細かい作業にご尽力いただきました（株）語研編集部の島袋一郎さま，ネイティブチェックの泉田スジンダさま，音声吹き込みの諸江ボーウォンさま，金沢サイフォンさまに心より感謝申し上げます。

荘司 和子

目 次

I 声をかける

II 質問する・答える

III 情報を交換する

IV 意思を伝える

V 誘う・申し出る

VI 依頼する・要求する

VII 問題と解決

【タイ語校閲】
泉田スジンダ

【吹き込み】
諸江ボーウォン
金沢サイフォン

【装丁】
平木 千草（ひつじ工房）

【イラスト】
オガワ ナホ

★ 本書のタイ語タイトルは，"บทสนทนาในชีวิตประจำวัน" です。

★ 音声は，対話例のタイ語のみが１回，自然な速さで収録されています。また，対話例で A*: や B*: の "＊" マークが付いているところは女性吹き込み者を，付いていないところは男性吹き込み者を表しています。

★ 音声ファイルは対話ごとに分かれていて，全部で 498 ファイルあります。（🎧マーク＋番号で示しています）

★ タイ語には日本語にない発音があります。正確なタイ語の発音を身につけるためには，音声を用いた繰り返し学習が効果的です。

【音声の無料ダウンロードについて】

　本書の音声（対話例のタイ語のみ）が無料でダウンロードできます。パソコンで下記のURL（弊社ホームページ「無料音声」のページ）にアクセスして，ダウンロードしてご活用ください。スマートフォンやタブレットをご使用の場合は，下記の QR コードをご利用ください。Wi-Fi 接続でのダウンロードを推奨します。

https://www.goken-net.co.jp/audio/audio_index.html

　＊収録箇所は🎧マークと番号を表示してあります。
　＊収録時間は約 68 分です。

《注意事項》
● ダウンロードできるファイルは ZIP 形式で圧縮されたファイルです。ダウンロード後に解凍してご利用ください。
● 音声ファイルは MP3 形式です。iTunes や Windows Media Player などの再生ソフトを利用して再生してください。
● インターネット環境によってダウンロードができない場合や，ご使用の機器によって再生できない場合があります。
● 本書の音声ファイルは一般家庭での私的利用に限って頒布するものです。著作権者に無断で本音声ファイルを複製・改変・放送・配信・転売することは法律で禁じられています。

บทสนทนาในชีวิตประจำวัน

声をかける

□ 001

どこへ行くの？
ไปไหน

A*: **อ้าว ศักดิ์ ไป ไหน**
âaw Sàk pay nǎy

B: **จะ ไป ตี กอล์ฟ**
ca pay tii kɔ́ɔf

A: あら，サック，どこへ行くの？
B: ゴルフだよ。
----

pay nǎy [パイナイ] 外で出会ったときにする挨拶の定番。pay [パイ] 行く　　nǎy [ナイ] どこ (thîi nǎy) の略　　ca [チャ] 未来の意志を表す助動詞　　pay tii kɔ́ɔf [パイティーゴーフ] ゴルフをしに行く　　tii [ティー] 打つ，叩く　　kɔ́ɔf [ゴーフ] ゴルフ

□ 002

どこへ行ってきたの？
ไปไหนมา

A: **ไป ไหน มา**
pay nǎy maa

B*: **ไป ช็อปปิ้ง มา**
pay chɔ́ppîŋ maa

A: どこへ行ってきたんだい？
B: 買い物よ。
----

pay nǎy [パイナイ] に maa [マー]（来る）をつけると「どこへ行ってきた」となる。

□ 003
どうしてる？
เป็นไงบ้าง

A*: **เปี๊ยก คะ เป็น ไง บ้าง**
Piák khá pen ŋay bâaŋ

B: **เรื่อยๆ**
rûayrûay

A: ピアック，どうしてるの？
B: まあまあさ。
----

pen [ペン] は動詞で「～である」　　ŋay [ンガイ]：《yaŋŋay [ヤンガイ]（ยังไง）の省略形》どう，いかが。pen ŋay bâaŋ [ペン・ンガイバーング] どうしてる？，調子はどう？　　rûayrûay [ルアイルアイ]《体調，状況などが同じ状態で続いていることを表し》「まあまあ」。ๆ は前の語を反復して読む符号。

□ 004 こんにちは［おはようございます，こんばんは］
สวัสดี

A: สวัสดี ครับ อาจารย์
　　sawàtdii khráp aacaan

B*: สวัสดี ค่ะ คุณ คะโต
　　sawàtdii khâ khun Kato

A: こんにちは，先生。
B: こんにちは，加藤さん。

ポイント sawàtdii [サワッティー] は「ごきげんよう」というような表現で，朝，昼，晩いつでも使える
krháp [クラップ] は男性が，khâ [カ] は女性が文末に使う丁寧語　aacaan [アーヂャーン] 先生，
教授　khun [クン] (～さん) を名前の前につけると丁寧になる

□ 005 元気ですか？
สบายดีเหรอ

A: ไม่ เห็น หน้า นาน แล้ว สบายดี เหรอ
　　mây hěn nâa naan lééw sabaaydii lǒə

B*: สบายดี ค่ะ คุณ ล่ะ คะ
　　sabaaydii khâ khun lâ khá

A: しばらく見なかったね，元気なの？
B: 元気ですよ。あなたは？

ポイント mây [マイ] 〈否定詞〉～ではない，～ない　hěn [ヘン] 見る，見える　nâa [ナー] 顔　naan [ナーン] 長
く　sabaaydii [サバーイティー] ～元気である　lǒə [ルゥー] ～か〈疑問〉　khun [クン] あなた〈二人称〉
khun lâ [クン ラ] 〈同じ質問を相手に聞き返して〉「あなたは？」　khá [カ] 女性が疑問文に使う丁寧語

□ 006 おやすみなさい
ราตรีสวัสดิ์

A*: ดึก แล้ว พรุ่งนี้ ทำ ต่อ นะ คะ
　　dùk lééw phrûŋnii tham tɔ̀ɔ ná khá

B: โอเค งั้น ราตรีสวัสดิ์ ครับ
　　ookhee ŋán raatriisawàt khráp

A: もう遅いですから，明日続きをやりますね。
B: OK。じゃあ，おやすみなさい。

ポイント dùk [ドゥック] 夜遅い　lééw [レーウ] すでに，もう～
tham [タム] する　tɔ̀ɔ [トー] 続ける　ŋán [ンガン] じゃあ

□ 007
すみませんが…
ขอโทษ

A*: ขอโทษ ห้องน้ำ อยู่ ที่ไหน คะ
khɔ̌ɔthôot hɔ̂ŋnáam yùu thîi nǎy khá

B: อยู่ ชั้น สอง ครับ
yùu chán sɔ̌ɔŋ khráp

- - -

A: すみません，トイレはどこですか？
B: ２階にありますよ。

(ポイント) hɔ̂ŋnáam [ホングナーム] お風呂，トイレ yùu [ユー] ある，いる
thîi nǎy [ティナイ] どこ chán [チャン] 階

□ 008
すみませんが…
ขอโทษ ~

A*: ขอโทษ ค่ะ ขอ ทาง หน่อย ค่ะ
khɔ̌ɔthôot khâ khɔ̌ɔ thaaŋ nɔ̀y khâ

B: เชิญ ครับ
chəən khráp

- - -

A: すみませんが，ちょっと通してください。
B: どうぞ。

(ポイント) khɔ̌ɔ [コー] ～ください thaaŋ [ターング] 道《発音注意》 nɔ̀y [ノイ] ちょっと
chəən [チューン] どうぞ

□ 009
お尋ねしますが，～
ขอถามหน่อย

A*: ขอ ถาม หน่อย ค่ะ สถานทูต ญี่ปุ่น ไป ยังไง ดี
khɔ̌ɔ thǎam nɔ̀y khâ sathǎanthûut yîipùn pay yaŋŋay dii

B: เดิน ตรงไป แล้ว เลี้ยว ขวา ที่ สี่แยก นะ ครับ
dəən troŋpay lɛ́ɛw líaw khwǎa thîi sìi yɛ̂ɛk ná khráp

- - -

A: お尋ねしますが，日本大使館へはどう行けばいいですか？
B: まっすぐ行って，交差点で右に曲がってください。

(ポイント) thǎam [ターム] 尋ねる sathǎanthûut [サターントゥート] 大使館 yîipùn [イープン] 日本
dəən [ドゥーン] 歩く troŋpay [トロンパイ] まっすぐ行く lɛ́ɛw [レーウ] そして，それから
líaw [リアウ] 曲がる khwǎa [クワー] 右。「左」は sáay [サーイ]

I 声をかける

010 この席は空いていますか？
ที่นั่งนี้ว่างไหม

A*: ขอโทษ ค่ะ ที่นั่ง นี้ ว่าง ไหม
khɔ̌ɔthôot khâ thîinâŋ níi wâaŋ máy

B: ว่าง ครับ เชิญ นั่ง ครับ
wâaŋ khráp chəən nâŋ khráp

A: すみません，この席は空いていますか？
B: 空いています。どうぞおかけください。

ポイント thîinâŋ [ティーナング] 座席　níi [ニー] この　wâaŋ [ワーング] 空いている，暇な　máy [マイ]《疑問詞》～ですか？　nâŋ [ナング] 座る

011 列に並んでいますか？
เข้าแถวอยู่หรือเปล่า

A*: เข้า แถว อยู่ หรือเปล่า คะ
khâw thɛ̌w yùu rúuplàaw khá

B: เข้า ครับ ผม เป็น คน สุดท้าย
khâw khráp phǒm pen khon sùttháay

A: 列に並んでいますか？
B: 並んでいます。わたしが最後です。

ポイント khâw thɛ̌w [カウ テウ]（一列に）並ぶ　rúuplàaw [ルプラーウ]《疑問詞》～か（どうか）？　khon [コン] 人　sùttháay [スッターイ] 最後

012 ここを通ってもいいですか？
ผ่านทางนี้ได้ไหม

A*: ไป ห้องน้ำ ผ่าน ทางนี้ ได้ ไหม คะ
pay hɔ̂ŋnáam phàan thaaŋníi dây máy khá

B: ไม่ ได้ เชิญ ไป ทางโน้น ครับ
mây dây chəən pay thaaŋnóon khráp

A: トイレに行くのに，ここを通ってもいいですか？
B: だめです，あちらからいらしてください。

ポイント phàan [パーン] 通る　thaaŋníi [タングニー] こちら　dây [ダイ] ～してもよい《許可》，～できる　mây [マイ]《否定詞》～ない　thaaŋnóon [タングノーン] あちら

5

013 楽しんでる？
　　　สนุกไหม

A: สนุก ไหม
　　sanùk máy

B*: สนุก จังเลย ยินดี มาก ที่ ได้ รับ เชิญ ค่ะ
　　sanùk caŋləəy yindii mâak thîi dây ráp chəən khâ

> A: 楽しんでる？
> B: すご〜く楽しい。お招きありがとう。

sanùk [サヌック] 楽しい，〜を楽しむ　　caŋləəy [ヂャングルーイ] すごく，とても
yindii [インディー] うれしい　　mâak [マーク] とても，たくさん
ráp chəən [ラップチューン] 招待を受ける

014 ここにはよくおいでになりますか？
　　　มาที่นี่บ่อยหรือเปล่า

A: มา ที่นี่ บ่อย หรือเปล่า ครับ
　　maa thîinîi bɔ̀y rɯ́plàaw khráp

B*: เปล่า ค่ะ ไม่ บ่อย นานๆที ค่ะ
　　plàaw khâ mây bɔ̀y nannaanthii khâ

> A: ここにはよくおいでになりますか？
> B: いいえ，それほどでも。たまにです。

bɔ̀y [ボイ] しばしば　　plàaw [プラーウ] いいえ　　nannaanthii [ナンナーンティー] たまに

015 ここにかけてもいい？
　　　ขอนั่งที่นี่ได้ไหม

A: โทษที ขอ นั่ง ที่นี่ ได้ ไหม ครับ
　　thôotthii khɔ̌ɔ nâŋ thîinîi dây máy khráp

B*: ได้ ซิ คะ เชิญ นั่ง เลย
　　dây sí khá chəən nâŋ ləəy

> A: 失礼，ここにかけてもいい？
> B: いいですよ，どうぞかけて。

thôotthii [トートティー]：khɔ̌ɔ thôot (ขอโทษ) [コー トート] (すみません) の簡略な表現で，親しい友人同士か歳下の相手にのみ使う　　sí または sii [シまたはシー] もちろんというトーンの語気助詞　　ləəy [ルーイ] 動詞の後につけてその動作を強調

□ 016

どうかした？
เป็นอะไรไป

A: เป็น อะไร ไป ไม่ กิน อะไร เลย
pen aray pay mây kin aray ləəy

B*: ไม่ หิว เลย ขอ พัก หน่อย
mây hǐw ləəy khɔ̌ɔ phák nɔ̀y

A: どうかした？ 何も食べてないじゃないか。
B: お腹すかないのよ。ちょっと休ませて。

 mây ~ ləəy [マイ～ルーイ] 全然 [まったく] 〜ない kin [ギン] 食べる, 飲む
hǐw [ヒウ] 空腹である phák [パック] 休む, 休憩する

□ 017

顔色が悪いけど…
หน้าซีด

A: หน้าซีด มาก เหนื่อย หรือเปล่า
nâa sîit mâak nùay rúplàaw

B*: เมื่อคืน นอน ไม่ หลับ เลย
mûakhʉʉn nɔɔn mây làp ləəy

A: 顔色が悪いね, 疲れてるんじゃない？
B: 昨夜はまるで眠れなかったの。

 nâa [ナー] 顔 sîit [シート] 青白い nùay [ヌアイ] 疲れる
nɔɔn mây làp [ノーンマイラップ] 眠れない

□ 018

何かあったの？
เกิดอะไรขึ้น

A: หน้าบึ้ง เกิด อะไร ขึ้น หรือเปล่า
nâa bʉ̂ŋ kə̀ət aray khʉ̂n rúplàaw

B*: ทะเลาะ กับ แฟน อารมณ์ เสีย นี่
thalɔ́ kàp fɛɛn aarom sǐa nîi

A: 仏頂面して。何かあったんじゃないのか？
B: 主人と喧嘩して機嫌がわるいのよ。

nâa bʉ̂ŋ [ナーブング] 不機嫌な顔 thalɔ́ [タロッ] 喧嘩する, 口論する kàp [カップ] 〜と
fɛɛn [フェーン] 主人, 家内, 恋人など特定の相手 aarom sǐa [アーロムシア] 機嫌がわるい, 気分
を害する nîi [ニー] 言い訳するトーンの語気助詞

019

今ちょっと話せる？
ขอคุยตอนนี้ได้ไหม

A*: มี เรื่อง ขอ คุย ตอนนี้ ได้ ไหม
mii rûaŋ khɔ̌ɔ khuy tɔɔnníi dây máy

B: ได้ เดี๋ยว เสร็จ นี่ ก่อน นะ
dây dǐaw sèt nîi kɔ̀ɔn ná

A: 話があるの，今ちょっと話せる？
B: いいよ。ちょっと待って，先にこれを終わらせるから。

mii [ミー] ある，いる，持つ rûaŋ [ルアング] 話，用件 khuy [クイ] 話す，会話する，おしゃべりする tɔɔnníi [トーンニー] 今 dǐaw [ディアウ] 間もなく，ちょっと待って〈rɔɔ [ロー]「待つ」が省略〉 sèt [セット] 終わる，終える kɔ̀ɔn [ゴーン] まず，先に

020

ちょっと時間を割いていただけますか？
ขอรบกวนเวลาหน่อยได้ไหมครับ/คะ

A: ขอ รบกวน เวลา หน่อย ได้ไหม ครับ
khɔ̌ɔ rópkuan weelaa nɔ̀y dây máy khráp

B*: ได้ ค่ะ มี อะไร เหรอ
dây khâ mii aray lɔ̌ɔ

A: ちょっと時間を割いていただけますか？
B: いいですよ。何か話があるの？

rópkuan [ロブグアン] 煩わす，邪魔する weelaa [ウェーラー] 時間

021

今，話する時間ある？
ตอนนี้มีเวลาคุยหรือเปล่า

A*: ตอนนี้ มี เวลา คุย หรือเปล่า
tɔɔn níi mii weelaa khuy rúplàaw

B: ตอนนี้ เหรอ กำลัง ติดงาน นะ เอาไว้ ตอนเย็น ได้ไหม
tɔɔn níi lɔ̌ɔ kamlaŋ tìtŋaan ná aw wáy tɔɔn yen dây máy

A: 今，話をする時間ある？
B: 今？ 仕事中なんだ。夕方にしてくれるかい？

tɔɔn níi [トーンニー] 今 kamlaŋ [ガムラング] 〜中 [進行中] tìtŋaan [ティットガーン] 仕事から離れられない，仕事で忙しい tɔɔn yen [トーンイェン] 夕方

☐ **022** 起きなさい！
ตื่นเถอะ

A: รัตน์ รัตน์ ตื่น เถอะ ๗ โมง แล้ว
Rát Rát tùɯn thə̀ cèt mooŋ lɛ́ɛw

B*: รู้ แล้ว รู้ แล้ว
rúu lɛ́ɛw rúu lɛ́ɛw

A: ラット，ラット，起きなさい！ もう7時だ。
B: わかってる，わかってる。

ポイント tùɯn [トゥーン] 起きる，目が覚める，目覚める
す語気助詞》 lɛ́ɛw [レーウ] もう～，すでに thə̀ [タッ] ～しなさい：～しよう《行動を促
rúu [ルー] 知る，知っている

☐ **023** 起きる時間ですよ
ถึงเวลาตื่นแล้ว

A*: ถึง เวลา ตื่น แล้ว
thǔŋ weelaa tùɯn lɛ́ɛw

B: เอ๋อ กี่โมง แล้ว
ə̌ə kìi mooŋ lɛ́ɛw

A: もう起きる時間ですよ。
B: え～，もう何時なの？

ポイント thǔŋ [トゥング] 達する，到達する weelaa [ウェーラー] 時間 kìi mooŋ [ギーモン] 何時？

☐ **024** よく眠れましたか？
หลับสบายไหม

A*: เมื่อคืน หลับ สบาย ไหม คะ
mûakhɯɯn làp sabaay máy khá

B: หลับ สบาย มาก ครับ ห้อง ก็ เย็น สบาย ด้วย
làp sabaay mâak khráp hɔ̂ŋ kɔ̂ yen sabaay dûay

A: ゆうべはよく眠れましたか？
B: とてもよく眠れました。部屋も涼しかったですし。

ポイント làp [ラップ] 眠る hɔ̂ŋ [ホング] 部屋 sabaay [サバーイ] 心地よい，快適な
yen [イェン] 涼しい dûay [ドゥアイ] ～も

□ 025
初めまして
สวัสดี

A: **ผม ชื่อ ทานากะ สวัสดี ครับ**
phǒm chûɯ Tanaka sawàtdii khráp

B*: **ดิฉัน ชื่อ ศศิ ค่ะ สวัสดี ค่ะ**
dichán chûɯ Sasì khâ sawàtdii khâ

A: 田中です。初めまして
B: サシと申します。初めまして。

 タイ語には「初めまして」にあたる表現がない。初対面ではフォーマルな挨拶で使われる "sawàtdii" を使うことが多い。

□ 026
お知り合いになれてうれしいです
ยินดีที่ได้รู้จัก

A: **ยินดี ที่ ได้ รู้จัก ครับ คุณ ศศิ**
yindii thîi dây rúucàk khráp khun Sasì

B*: **ยินดี เช่นกัน ค่ะ มา เที่ยว กรุงเทพฯ เหรอ คะ**
yindii chênkan khâ maa thîaw kruŋthêep lə̀ khá

A: お知り合いになれてうれしいです，サシさん。
B: わたしもうれしいです。バンコクに遊びにいらしたの？

 yindii [インディー] うれしい　dây [ダイ] 動詞の前に置かれると，その動作が終わっていること を表す　rúucàk [ルーチャク] 知り合う，認識する　chênkan [チェンガン] 同様に　maa thîaw [マーティアウ] 遊びにくる

□ 027
お名前は以前から存じております
ได้ยินชื่อมานานแล้ว

A*: **ได้ ยิน ชื่อ มา นาน แล้ว ค่ะ ยินดี ที่ ได้ เจอ กัน**
dây yin chûɯ maa naan lɛ́ɛw khâ yindii thîi dây cəə kan

B: **งั้น เหรอ ครับ ผม ก็ ยินดี ที่ ได้ พบ คุณ**
ŋán lə̀ khráp phǒm kɔ̂ yindii thîi dây phóp khun

A: お名前は以前から存じております。お会いできてうれしいです。
B: そうなんですか。わたしもあなたに会えてうれしいですよ。

dây yin [ダイイン] 聞こえる　naan [ナーン] 長い, 長い間　lɛ́ɛw [レーウ] すでに　cəə kan [チ ューガン] 会う, 出会う　ŋán lə̀ [ンガンルー] そうなのですか　phóp [ポップ] 出会う, 会う

☐ 028 わたしのこと覚えている？
🎧 จำผมได้หรือเปล่า

A: จำ ผม ได้ หรือเปล่า ครับ
cam phŏm dây rúplàaw khráp

B*: จำ ได้ ซิ คะ เคย เจอ กัน ที่ บ้าน คุณ ยามาดะ
cam dây sí khá khəəy cəə kan thîi bâan khun Yamada

A: わたしのこと，覚えていますか？
B: 覚えてますよ。山田さんの家で会ったことありますね。

ポイント cam [ヂャム] 覚える，記憶している　　khəəy [クーイ]《経験の助動詞》〜したことがある

☐ 029 〜さんじゃありませんか？
🎧 คุณ 〜 ใช่หรือเปล่า

A: ขอโทษ คุณ วิไล ใช่ หรือเปล่า ครับ
khŏothôot khun Wílay chây rúplàaw khráp

B*: ใช่ ค่ะ อ้าว คุณ ซะโท ที่ เคย ทำงาน ที่นี่ ใช่ ไหม คะ
chây khâ âaw khun Sato thîi khəəy thamŋaan thîiníi chây máy khá

A: すみません，ウィライさんじゃありませんか？
B: そうです。まあ，以前ここで働いていらした佐藤さんですよね。

ポイント chây rúplàaw [チャイルプラーウ] そうじゃないの？，違うかい？　　âaw [アーウ]《感嘆詞》ああ，まあ，あら　　thamŋaan [タムガーン] 働く，仕事をする　　thîiníi [ティーニー] ここ，こちら
chây máy [チャイマイ] 〜ですね？，そうでしょう？，でしょう？

☐ 030 お会いしたことありませんでしたか？
🎧 เราเคยพบกันหรือเปล่า

A*: เรา เคย พบ กัน หรือเปล่า คะ
raw khəəy phóp kan rúplàaw khá

B: เออ ที่ไหน นะ อ้อ นึกออก แล้ว ที่ งานเลี้ยงส่ง คุณ สมชาย มั้ง
əə thîinǎy ná ɔ́ɔ núkɔ̀ɔk lɛ́ɛw thîi ŋaanlíaŋsòŋ khun Sǒmchaay máŋ

A: お会いしたことありませんでしたか？
B: う〜ん。どこだったかな。あぁ，思い出した，ソムチャイさんの送別会だったかな。

ポイント raw [ラウ] 私たち　　phóp kan [ポップガン] 会う　　núkɔ̀ɔk [ヌックオーク] 思い出す
ŋaanlíaŋsòŋ [ンガーンリアングソング] 送別会　　máŋ [マング] 〜かも，かもしれない

□ 031

久しぶり
ไม่ได้เจอกันตั้งนาน

A*: ไม่ ได้ เจอ กัน ตั้ง นาน　　หาย ไป ไหน มา คะ
mây dây cəə kan tâŋ naan　hǎay pay nǎy maa khá

B: ไป ทำงาน ที่ ต่างจังหวัด นาน　　พ่อแม่ สบายดี ไหม
pay thamŋaan thii tàaŋcaŋwàt naan　phɔ̂ɔmɛ̂ɛ sabaaydii máy

A: お久しぶりですね。どこへ行ってらしたんですか？
B: 仕事で長いこと地方へ行ってたんだ。ご両親は元気ですか？

 mây dây [マイダイ] ～しなかった、～していない　　tâŋ [タング] 《修飾語の前につけて強調して》すごく～、ずいぶん～　　hǎay pay nǎy maa [ハーイ バイ ナイ マー] 直訳すると「どこに消えていた」(hǎay：消える)。　　tàaŋcaŋwàt [ターングチャングワット] 地方、別の県

□ 032

久しぶり
ไม่เห็นหน้าตั้งนาน

A: อ้อ รัตน์　　ไม่ เห็น หน้า ตั้ง นาน　　ตอนนี้ ทำ อะไร อยู่
ʔɔ̂ɔ Rát　mây hěn nâa tâŋ naan　tɔɔnníi tham aray yùu

B*: เพิ่ง หา งาน ได้ ใน ไม่กี่วันนี้ ค่ะ　　บริษัทเทรดดิ้ง ค่ะ
phə̂ŋ hǎa ŋaan dây nay mâykiiwanníi khâ　bɔrísàt threediŋ khâ

A: やあ，ラット。ずいぶん久しぶりだね。今，何しているんだい？
B: 最近，仕事が見つかったところなんです。商社よ。

phə̂ŋ [プング] ～したばかり　　hǎa ŋaan [ハーンガーン] 仕事を探す
mâykiiwanníi [マイギーワンニー] 何日にもならない

□ 033

長いこと連絡しないでごめん！
โทษทีที่ไม่ได้ติดต่อมานาน

A: โทษที ที่ ไม่ ได้ ติดต่อ มา นาน　　คิดถึง จริงๆ นะ
thôotthii thii mây dây tìttɔ̀ɔ maa naan　khít thǔŋ ciŋciŋ ná

B*: คิดถึง จริง ก็ โทร ได้ ง่าย นะซี่　　มี มือถือ ไม่ใช่ เหรอ
khít thǔŋ ciŋ kɔ̂ɔ thoo dây ŋâay ná sii　mii muuthǔu mây chây lə̌ə

A: 長いこと連絡しないでごめん。ほんとに寂しかったよ。
B: ほんとに想ってるなら，電話なんて簡単じゃない！　携帯持ってるじゃないの？

thôotthii [トートティー] ごめん《友人同士で使う》　　khít thǔŋ [キットトゥング] ～がいなくて寂しい，～について想う　　ná sii [ナシー] 《語気助詞》～でしょ，～だろ　　muuthǔu [ムートゥー] 携帯電話

☐ 034 自己紹介します
ขอแนะนำตัวเอง

A: ขอ แนะนำ ตัวเอง นะ ครับ ผม ชื่อ ซาซากิ มาจาก โตเกียว ครับ
khɔ̌ɔ nénam tua eeŋ ná khráp phǒm chʉ̂ʉ Sasaki maa càak Tokiaw khráp

B*: ดิฉัน ชื่อ รัตนา ทำงาน อยู่ ที่นี่ นาน ค่ะ
dichán chʉ̂ʉ Ráttanaa thamŋaan yùu thîinii naan khâ

A: 自己紹介します。佐々木といいます。東京から来ました。
B: わたしはラッタナーといいます。ここで長いこと働いています。

ポイント khɔ̌ɔ [コー] 〈khɔ̌ɔ ＋動詞〉で「（私に）～させてください」　nénam [ネッナム] 紹介する
tua eeŋ [トゥアエング] 自分自身

☐ 035 ～を紹介します
ขอแนะนำ ~

A: แม่ ครับ ขอ แนะนำ เพื่อน ญี่ปุ่น ครับ
mêe khráp khɔ̌ɔ nénam phʉ̂an yiipùn khráp

B*: ยินดีต้อนรับ ค่ะ เชิญ ตามสบาย นะ คะ
yindii tɔ̂ɔnráp khâ chəən taam sabaay ná khá

A: お母さん，日本人の友だちを紹介するよ。
B: よくいらっしゃいました。どうぞごゆっくりね。

ポイント yindii tɔ̂ɔnráp [インディートンラップ] 歓迎する，いらっしゃいませ　taam sabaay [タームサバーイ]
気楽に，くつろぐ

☐ 036 こちらが～です
นี่ ~

A: นี่ คุณ อุทัย นาย ผม ครับ
nîi khun Uthay naay phǒm khráp

B*: สวัสดี ค่ะ ขอบคุณ มาก ที่ อุตส่าห์ มา เยี่ยม ค่ะ
sawàtdii khâ khɔ̀ɔp khun mâak thii ùtsàa maa yîam khâ

A: こちらがわたしの上司，ウタイさんです。
B: こんにちは。わざわざいらしてくださって，ありがとうございます。

ポイント naay [ナーイ] 上司，ボス，主人　ùtsàa [ウッサー] わざわざ
maa yîam [マー イアム] 会いに来る

□ 037 🎧 元気？
สบายดีเหรอ

A: อ้าว ศศิ สบายดี เหรอ
âaw Sasì sabaaydii lǎə

B*: สบายดี ค่ะ แต่ งาน ยุ่ง หน่อย
sabaaydii khâ tὲε ŋaan yûŋ nɔ̀y

A: あぁ，サシ，元気かい？
B: 元気ですよ。だけど仕事がちょっと忙しくて。

🔵 tὲε [テー] しかし，でも ŋaan [ンガーン] 仕事：パーティー，イベント yûŋ [ユング] 忙しい

□ 038 🎧 調子はどう？
เป็นไงบ้าง

A*: งาน เป็น ไง บ้าง คะ
ŋaan pen ŋay bâaŋ khá

B: ช่วงนี้ สินค้า เรา ขาย ดี มาก เลย
chûaŋ níi sínkháa raw khǎay dii mâak ləəy

A: お仕事はどうですか？
B: このところ，うちの製品はすごく売れてるんだ。

🔵 pen ŋay bâaŋ [ペン・ンガイバーング]（調子は）どうですか chûaŋ níi [チュアングニー] ここのところ，最近 sínkháa [シンカー] 製品 raw [ラウ] 私たち，我々 khǎay dii [カーイディー] よく売れる mâak ləəy [マークルーイ] とっても，すごく《口語》

□ 039 🎧 ～はお元気ですか？
～ สบายดีไหม

A*: คุณพ่อคุณแม่ สบายดี ไหม คะ
khunphɔ̂ɔ khunmɛ̂ɛ sabaaydii máy khá

B: แม่ ยัง สบายดี อยู่ แต่ พ่อ เสีย แล้ว นะ ครับ
mɛ̂ɛ yaŋ sabaaydii yùu tὲε phɔ̂ɔ sǐa lέεw ná khráp

A: ご両親はお元気ですか？
B: 母はまだ元気ですが，父は亡くなりました。

🔵 khunphɔ̂ɔ khunmɛ̂ɛ [クンポー クンメー] 両親《丁寧な言い方》 yaŋ sabaaydii yùu [ヤング サバーイディーユー] まだ元気でいる sǐa [シア] 亡くなる，壊れる

□ 040 はい, どうぞ

นี่ครับ/ค่ะ

A: นี่ ครับ ขนม ญี่ปุ่น ที่ คุณ ฝากซื้อ

nîi khráp khanǒm yîipùn thîi khun fàak súu

B*: ดีใจ จัง ขอบคุณ มาก ค่ะ

diicay caŋ khɔ̀ɔp khun mâak khâ

A: はい, どうぞ。頼まれた日本のお菓子ですよ。
B: とてもうれしいです。ありがとうございます。

ポイント khanǒm [カノム] お菓子　thîi [ティー] 〜であるところの《関係代名詞》
khun [クン] あなた　fàak súu [ファーク・スー] 買い物を頼む
diicay [ディーヂャイ] うれしい, 喜ぶ　caŋ [ヂャン] とても《口語》

□ 041 これはあなたへのプレゼントです

นี่ของขวัญให้คุณ

A*: นี่ ของขวัญ ให้ พี่ ค่ะ

nîi khɔ̌ɔŋkhwǎn hây phîi khâ

B: เอ๊ ให้ พี่ เหรอ เปิด ได้ ไหม

ée hây phîi lɤ̌ɤ pə̀ət dây máy

A: これはあなたへのプレゼントです。
B: え〜, ぼくに？ 開けてもいいかな？

ポイント khɔ̌ɔŋkhwǎn [コングクワン] プレゼント　phîi [ピー] Aでは二人称で年長の友人に使う。Bでは一人称で自分が相手より年長である場合に使う。どちらも親しい間柄の場合。そうではなくて, フォーマルな場面や目上に対しては二人称は khun を使う。　pə̀ət [プート] 開ける

□ 042 あなたに〜を持ってきました

เอา ~ มาให้คุณ

A: เอา เอกสาร มา ให้ คุณ ครับ

aw èekkasǎan maa hây khun khráp

B*: ลำบาก หน่อย นะ คะ ขอบคุณ มาก

lambàak nɔ̀y ná khá khɔ̀ɔpkhun mâak

A: 資料を持ってきました。
B: 大変でしたね。ありがとうございました。

ポイント aw ~ maa hây [アウ〜マーハイ] 〜を持ってきてあげる《aw ~ maa [アウ〜マー] 〜を持ってくる》
èekkasǎan [エーカサーン] 資料　lambàak [ラムバーク] 大変, 難儀な

☐ 043

お礼にこれを差し上げます
นี่ให้คุณเพื่อขอบคุณ ～

A*: นี่ ให้ คุณ เพื่อ ขอบคุณ ที่ ช่วย อำนวย ความสะดวก
nîi hây khun phûa khɔ̀ɔpkhun thîi chûay amnuay khwaamsadùak

B: เรื่องเล็ก ไม่ ต้อง หรอก ครับ
rûaŋ lék mây tɔ̂ŋ rɔ̀ɔk khráp

A: これはお世話になったお礼に差し上げます。
B: たいしたことじゃありません。そんなことなさらないでいいですよ。

ポイント phûa [プア] ～のために amnuay khwaamsadùak [アムヌアイ・クワームサドゥアック] 便宜を図る, 世話をする rûaŋ lék [ルアングレック] つまらない件, ささいな話 mây tɔ̂ŋ [マイトング] 必要ない mây ~ rɔ̀ɔk [マイ ～ ローク]：[ローク] は否定の強調でよく使う語気助詞

☐ 044

返す必要はありません，差し上げます
ไม่ต้องคืนให้เลย

A*: งั้น ขอ ยืม ค่ะ คืน เมื่อไร ดี
ŋán khɔ̌ɔ yɯɯm khâ khɯɯn mûaray dii

B: เล่ม นี้ ไม่ ต้อง คืน ให้ เลย ครับ
lêm níi mây tɔ̂ŋ khɯɯn hây ləəy khráp

A: じゃあ，貸してください。いつ返せばいいですか？
B: この本は返す必要ないです，あげますよ。

ポイント yɯɯm [ユーム] 借りる lêm [レム] 冊《本, ノートの類別詞》 mây tɔ̂ŋ [マイトング] 必要ない, ～しなくてもいい khɯɯn [クーン] 返す hây [ハイ] あげる, 与える

☐ 045

気に入ってくれるといいけど
หวังว่าถูกใจ

A: นี่ ของขวัญ ให้ เธอ นะ หวัง ว่า ถูกใจ
nîi khɔ̌ɔŋkhwǎn hây thəə ná wǎŋ wâa thùukcay

B*: โอ๊ย สวย มาก ชอบ ที่สุด เลย
óoy sǔay mâak chɔ̂ɔp thîi sùt ləəy

A: これはきみへのプレゼントだよ。気に入ってくれるといいけど。
B: まあ，きれい～。とっても気に入ったわ～。

ポイント thəə [トゥー] きみ, 彼女 thùukcay [トゥークヂャイ] 気に入る sǔay [スアイ] 美しい, きれいな thîi sùt [ティースット] 一番～《最上級》 口語で thîi sùt ləəy [ティースットルーイ] と言うと「すごく, 超～」

046 どうもありがとう
ขอบคุณมากครับ/ค่ะ

A: ช่วย หิ้ว ของ ให้ ครับ
chûay hîw khɔ̌ɔŋ hây khráp

B*: ขอบคุณ มาก ค่ะ
khɔ̀ɔp khun mâak khâ

A: 荷物, お持ちしましょう。
B: どうもありがとうございます。

ポイント chûay [チュアイ] 手伝う, 助ける   hîw [ヒウ] 持つ（ぶら下げて持つ）《参考》thǔɯ [トゥー]
持つ（抱えて持つ）

047 たいへんありがたく存じます
ขอขอบคุณอย่างมาก

A: ผม จะ ช่วย หา อพาร์ตเมนต์ ให้ ใน เร็วๆนี้ ครับ
phǒm ca chûay hǎa apaatmen hây nay rewrewníi khráp

B*: ขอ ขอบคุณ อย่าง มาก ค่ะ
khɔ̌ɔ khɔ̀ɔpkhun yàaŋ mâak khâ

A: 近いうちにアパートを探すのを手伝ってあげるよ。
B: たいへんありがたく存じます。

ポイント hǎa [ハー] 探す   apaatmen [アパートメン] アパート   ~hây [ハイ] ～してあげる《動詞（＋目
的語）＋ hây》   nay rewrewníi [ナイレウレウニー] 近々, 近いうちに

048 どうお礼を言ったらいいのかわかりません
ไม่รู้ว่าจะขอบคุณยังไงดี

A*: ไม่ รู้ ว่า จะ ขอบคุณ ยังไง ดี ค่ะ ที่ ช่วย ทุก อย่าง
mây rúu wâa ca khɔ̀ɔpkhun yaŋŋay dii khâ   thîi chûay thúk yàaŋ

B: ไม่ เป็น ไร หรอก ครับ ไม่ ต้อง คิดมาก
mâypenray rɔ̀ɔk khráp   mây tɔ̂ŋ khít mâak

A: なにもかもしていただいて, どうお礼を言ったらいいのかわかりません。
B: どういたしまして。気にしないでいいですよ。

ポイント mây rúu wâa ca khɔ̀ɔpkhun yaŋŋay dii [マイ ルー ワー ヂャ コープ クン ヤンガイ ディー] どう感謝した
らよいかわからない   thîi [ティー]：thîi 以下でお礼の理由を述べる   thúk yàaŋ [トゥックヤー
ング] 全て, なにもかも   khít mâak [キットマーク] 考えすぎる, 悩む

17

049

～を，ありがとう
ขอบคุณสำหรับ ~

A*: ขอบคุณ สำหรับ มะม่วง อร่อย นะ คะ
khɔ̀ɔp khun sǎmràp mamûaŋ arɔ̀y ná khá

B: ไม่เป็นไร ครับ
mây pen ray khráp

A: おいしいマンゴーを，ありがとう。
B: どういたしまして。

ポイント sǎmràp ~ [サムラップ] ～について，～に対して　　arɔ̀y [アロイ] おいしい，うまい
mây pen ray [マイ ペン ライ] どういたしまして，大丈夫，気にしないで

 050

ずっと欲しかった
นึกอยากได้มานาน

A: นี่ ของขวัญ วันเกิด นะ
nîi khɔ̌ŋkhwǎn wankə̀ət ná

B*: โอ้ เป็น ของ ที่ นึก อยาก ได้ มา นาน แล้ว ดีใจ จัง
ôo pen khɔ̌ŋ thîi núk yàak dây maa naan lɛ́ɛw diicay caŋ

A: これ，誕生日のプレゼントだよ。
B: まあ，ずっと欲しかったものよ，とってもうれしいわ～。

ポイント khɔ̌ŋkhwǎn [コングクワン] プレゼント　　wankə̀ət [ワングート] 誕生日　　khɔ̌ŋ [コーン] もの，品物
núk [ヌック] 思う　　yàak dây [ヤークダイ] 欲しい

 051

お土産は何も持ってこなくていい
ไม่ต้องเอาอะไรมาฝาก

A: ซื้อ ลูกท้อ ญี่ปุ่น มา ฝาก ครับ
súu lûukthɔ́ɔ yîipùn maa fàak khráp

B*: แหม ขอบใจ มาก วันหลัง ไม่ ต้อง เอา อะไร มา ฝาก นะ จ๊ะ
mɛ̌ɛ khɔ̀ɔpcay mâak wanlǎŋ mây tɔ̂ŋ aw aray maa fàak ná cá

A: 日本の桃をお土産に買ってきました。
B: まあ，どうもありがとう。今後は手ぶらでいらっしゃいよね。

ポイント súu [スー] 買う　　lûukthɔ́ɔ [ルークトー] 桃　　fàak [ファーク] 土産に持ってくる
khɔ̀ɔpcay [コープチャイ] 年下の者に対して言う「ありがとう」
wanlǎŋ [ワンラング] 今度，後日　　cá [チャ]《年下の者へ khráp/khâ に代えて使う》

052 おいしかったです

อร่อยมากครับ/ค่ะ

A: ทาน ให้ หมด ซิ ครับ ไม่ พอ จะ สั่ง อีก
thaan hây mòt sí khráp mây phɔɔ ca sàŋ ìik

B*: อร่อย มาก ทุก จาน ค่ะ ทาน อิ่ม แล้ว ค่ะ
arɔ̀y mâak thúk caan khâ thaan ìm lɛ́ɛw khâ

A: 全部食べてくださいね，足りなかったらまた注文するから。
B: どの料理もとてもおいしかったです。お腹いっぱいいただきました。

ポイント thaan hây mòt [ターンハイモット] なくなるまで食べる　　thúk [トゥック] どの〜，全ての
caan [チャーン] 皿，料理の類別詞　　thaan ìm [ターンイム] 満腹になるまで食べる

053 お料理がお上手ですね

ทำอาหารเก่ง

A: คุณ วิไล ทำอาหาร เก่ง จัง เลย ถูกปาก มาก ครับ
khun Wílay tham ahǎan kèŋ caŋ ləəy thùukpàak mâak khráp

B*: ชอบ จาน ไหน มาก ที่สุด คะ
chɔ̂ɔp caan nǎy mâak thîisùt khá

A: ウィライさん，お料理がすごくお上手ですね。とても口に合います。
B: どれが一番お気に入りですか？

ポイント tham ahǎan [タムアハーン] 料理する　　thùukpàak [トゥークパーク] 口に合う，おいしい
caan nǎy [チャーンナイ] どの皿［料理］　　thîisùt [ティースット] 一番〜，最も〜

054 次回はわたしがごちそうします

คราวหน้าให้ผม/ดิฉันเลี้ยง

A: อาหารญี่ปุ่น อร่อย ดี คราวหน้า ให้ ผม เลี้ยง อาหารไทย นะ
ahǎanyîipùn arɔ̀y dii khraawnâa hây phǒm líaŋ ahǎanthay ná

B*: ดี ค่ะ
dii khâ

A: 日本料理おいしかった。次回はぼくがタイ料理をごちそうするよ。
B: いいわね。

ポイント hây phǒm líaŋ [ハイポムリアング]：hây「〜させる《使役》」がつくと，わたしにごちそうさせてください，
という意味合いになる

055 おめでとう
ยินดีด้วย

A: ยินดี ด้วย ที่ สอบ เข้า มหาวิทยาลัย ได้ นะ
yindii dûay thîi sòop khâw mahǎawítthayaalay dây ná

B*: ขอบคุณ มาก ค่ะ   น้อง ก็ ดีใจ จริงๆ ค่ะ
khɔ̀ɔp khun mâak khâ   nɔ́ɔŋ kɔ̂ dii cay ciŋciŋ khâ

A: 大学入試，合格おめでとう。
B: ありがとうございます。わたしもほんとにうれしいです。

ポイント yindii dûay [インディードゥアイ] dûay は「〜も」という意味で，「わたしもうれしい」というのが会話での祝福表現。 sòop ~ dây [ソープ〜ダイ] 試験に受かる，合格する
nɔ́ɔŋ [ノーング] 相手が自分より年上のときの一人称

056 誕生日おめでとう
สุขสันต์วันเกิด

A*: สุขสันต์ วันเกิด   นี่ ของขวัญวันเกิด นะ คะ
sùksǎn wankə̀ət   nîi khɔ̌ɔŋkhwǎn wankə̀ət ná khá

B: เอ๊ วันนี้ วันที่ เท่าไร น้า...   วันเกิด ผม เหรอ
ée wanníi wanthîi thâwray náa   wankə̀ət phǒm lə̌ə

A: お誕生日おめでとう。これ誕生日プレゼントよ。
B: え〜，今日何日だっけ？　僕の誕生日なの？

ポイント wanthîi thâwray [ワンティタウライ] 何日　náa [ナー] 語気助詞 ná を音をのばして言うもの

057 おめでとうございます《丁寧》
ขอแสดงความยินดี

A: คุณ ยาย ครับ ขอ แสดง ความยินดี ที่ อายุ ครบ ๗๐ แล้ว นะ ครับ
khun yaay khráp khɔ̌ɔ sadɛɛŋ khwaam yindii thîi aayú khróp cètsip lɛ́ɛw ná khráp

B*: ขอบใจ จ้ะ   หนู อายุ เท่าไร แล้ว
khɔ̀ɔpcay câa   nǔu aayú thâwray lɛ́ɛw

A: おばあさま，70歳，おめでとうございます。
B: ありがとう。おまえは何歳になったの？

ポイント yaay [ヤーイ] 母方の祖母　aayú [アーユ] 歳，年齢　khɔ̀ɔpcay [コープチャイ]《目上が年下の者に言う》ありがとう　nǔu [ヌー] 子どもまたはずっと年下の者を対象に言う二人称。一人称の場合は，自分が子どもまたはずっと年下

□ 058 お悔み申し上げます（残念です）
เสียใจด้วย

A*: เสียใจ ด้วย ค่ะ ที่ คุณพ่อ คุณ เสีย
sǐacay dûay khâ thîi khun phɔ̂ɔ khun sǐa

B: ผม ก็ ไม่ ได้ คาด ว่า พ่อ จะ เสีย เร็ว ขนาดนี้
phǒm kɔ̂ mây dây khâat wâa phɔ̂ɔ ca sǐa rew khanàat níi

A: お父様が亡くなられてお悔み申し上げます。
B: わたしも父がこんなに早く亡くなるとは，想像していませんでした。

 sǐacay dûay [シアチャイドゥアイ] わたしも哀しい　　sǐa [シア] 亡くなる　　khâat wâa [カートワー] 〜を想像する，期待する　　rew [レウ] 早く；早い　　khanàat níi [カナートニー] これくらい〜，これほど〜

□ 059 お悔やみ申し上げます
ขอแสดงความเสียใจ

A: ขอ แสดง ความเสียใจ ครับ ที่ ท่าน ประธาน เสีย
khɔ̌ɔ sadɛɛŋ khwaam sǐacay khráp thîi thân prathaan sǐa

B*: ขอบ คุณ มาก ค่ะ ที่ สละ เวลา มา แสดง ความเสียใจ นะ คะ
khɔ̀ɔp khun mâak khâ thîi salà weelaa maa sadɛɛŋ khwaam sǐacay ná khá

A: 会長さまが亡くなられましてお悔やみ申し上げます。
B: わざわざご供養にいらしていただき，ありがとうございます。

 sadɛɛŋ khwaam sǐacay [サデーング クワームシアチャイ] お悔やみを言う　　prathaan [プラターン] 会長　　salà weelaa [サラ ウェーラー] 時間を割く

□ 060 亡くなられた方を追悼する
ไว้อาลัยแก่ผู้เสียชีวิต

A: จะ จัด พิธี ไว้อาลัย แก่ ผู้เสียชีวิต ใน วันที่ ๒๐
ca càt phíthii wáyaalay kɛ̀ɛ phûusǐa chiiwít nay wanthîi yîisìp

B*: จะ จัด ที่ ห้อง อะไร ดี คะ
ca càt thîi hɔ̂ŋ aray dii khá

A: 亡くなられた方の追悼式を20日に行います。
B: どの部屋にしたらいいですか？

 càt [チャット] 催す，開催する　　phíthii [ピティー] 式　　wáyaalay [ワイアーライ] 追悼する hɔ̂ŋ [ホン] 部屋　　dii [ディー] よい

□ 061　今は忙しい

ตอนนี้ยุ่ง

A: เที่ยง แล้ว ไป กิน ข้าว กัน เถอะ
　　thîaŋ lɛ́ɛw　pay kin khâaw kan thə̀

B*: ตอนนี้ ยุ่ง ไป ก่อน เถอะ ค่ะ　เดี๋ยว ตาม ไป
　　tɔɔnníi yûŋ　pay kɔ̀ɔn thə̀ khâ　dǐaw taam pay

A: お昼だ，食事に行こうよ。
B: 今忙しいの，先に行ってよ。じきに追っかけるわ。

ポイント kan thə̀ [ガントゥ]《誘い・依頼・合意など表して》～しよう，～しましょう，～よ　yûŋ [ユング] 忙しい　pay kɔ̀ɔn [パイゴーン] 先に行く　taam pay [タームパイ] ついて行く，追いかける

□ 062　時間がない
ไม่มีเวลา

A*: พ่อ คะ　ช่วย พา ไป ที่ สวนสนุก ค่ะ
　　phɔ̂ɔ khá　chûay phaa pay thîi sǔansanùk khâ

B: ช่วงนี้ พ่อ ไม่ มี เวลา นะ ลูก　เอาไว้ เดือนหน้า นะ
　　chûaŋníi phɔ̂ɔ mây mii weelaa ná lûuk　aw wáy dɯan nâa ná

A: お父さん，遊園地に連れてって。
B: ここのところ時間がないんだよ，来月にしようね。

ポイント chûay [チュアイ] ～してください　phaa [パー] 連れる，連れて　thîi [ティー]《場所》～に，～で　sǔansanùk [スアン サヌック] 遊園地　chûaŋníi [チュアングニー] 最近，ここのところ　lûuk [ルーク] 子ども《タイでは呼びかけにも使う》　aw wáy [アウワイ] とっておく，～にする

□ 063　急いで～しなければならない
ต้องรีบ ～

A*: ช่วย เช็คดู รายงาน นี้ หน่อย ค่ะ
　　chûay chék duu rayŋaan níi nɔ̀y khâ

B: ขอ เวลา หน่อย นะ　ต้อง รีบ ไป พบ ลูกค้า
　　khɔ̌ɔ weelaa nɔ̀y ná　tɔ̂ŋ rîip pay phóp lûukkháa

A: このレポートをちょっとチェックしてください。
B: ちょっと時間くださいね，急いでクライアントに会いに行かないとならないんだ。

ポイント chék [チェック] チェックする　duu [ドゥー] 見る　rayŋaan [ラーイ・ンガーン] レポート，報告　tɔ̂ŋ [トン] ～しなければならない，必要とする　rîip [リープ] 急ぐ　lûukkháa [ルークカー] クライアント，顧客

I 声をかける

☐ **064** 貴重な時間をさく
🎧 สละเวลาอันมีค่า

A*: ขอ ขอบ คุณ มาก ค่ะ ที่ สละ เวลา อัน มี ค่า ของ ท่าน
khɔ̌ɔ khɔ̀ɔp khun mâak khâ thîi salà weelaa an mii khâa khɔ̌ɔŋ thân

B: ไม่เป็นไร ครับ เมื่อไร มี ปัญหา ก็ ติดต่อ มา ได้ เลย
mây pen ray khráp mûaray mii panhǎa kɔ̂ tittɔ̀ɔ maa dây ləəy

- -
A: 貴重なお時間をさいていただいて，ありがとうございました。
B: どういたしまして，何かあったらいつでもまた連絡してきてかまいませんよ。

salà [サラ] 犠牲にする，放棄する　an [アン] 《関係代名詞》　mii khâa [ミーカー] 貴重な，価値のある　thân [タン] あなた《年齢または地位で目上の相手》　mûaray mii panhǎa [ムアライ・ミー・パンハー] 問題のあるときはいつでも　tittɔ̀ɔ [ティットトー] 連絡する

☐ **065** ～と話せてよかった
🎧 ดีใจที่ได้คุยกับ ～

A: วันนี้ ดีใจ ที่ ได้ คุย กับ นุช นะ นึก อยาก พบ นาน แล้ว
wannii diicay thîi dây khuy kàp Nút ná núk yàak phóp naan lɛ́ɛw

B*: เช่นกัน ค่ะ คุย กัน สนุก มาก เลย
chênkan khâ khuy kan sanùk mâak ləəy

- -
A: 今日はヌットと話せてよかったよ，ずっと会いたいと思ってたんだ。
B: わたしもよ，一緒におしゃべりしてとても楽しかったわ。

khuy [クイ] 話す，会話する，おしゃべりする　núk yàak ～ [ヌックヤーク] ～したいと思っていた
sanùk [サヌック] 面白い，楽しい；～を楽しむ

☐ **066** これで終わりにします
🎧 ขอจบเท่านี้

A: ขอ จบ เท่านี้ นะ ครับ ถ้า เกิด ปัญหา อีก ก็ โทร. มา
khɔ̌ɔ còp thâwnii ná khráp thâa kèət panhǎa ìik kɔ̂ thoomaa

B*: ปรึกษา กับ ท่าน แล้ว ก็ สบายใจ มาก ค่ะ
prùksǎa kàp thân lɛ́ɛw kɔ̂ sabaaycay mâak khâ

- -
A: これで終わりにしますよ，もしまた問題が起きたら電話しなさい。
B: 相談できてとてもほっとしています。

còp [ヂョップ] 終わる，終える　thâa [ター] もし～ならば　kèət [グート] 起きる，起こる
panhǎa [パンハー] 問題，トラブル　ìik [イーク] また，再び　prùksǎa [プルクサー] 相談する
lɛ́ɛw [レーウ] ～し終えて　sabaaycay [サバーイヂャイ] 気が楽になる

---

067 〜さんの携帯じゃないですか？

นี่มือถือคุณ ～ ใช่หรือเปล่า

A*: ฮัลโล นี่ มือถือ คุณ อุดม ใช่ หรือเปล่า คะ
　　halǒo　nii　muuthǔu　khun Udom　chây rúplàaw khá

B: ใช่ ครับ นี่ อุดม พูด ไม่ ทราบ ใคร โทร มา
　　chây khráp　nii Udom phûut　mây sâap khray thoo maa

- -

　A: もしもし，こちらウドムさんの携帯じゃないですか？
　B: そうですよ。ウドムです。どなたですか？

ポイント muuthǔu [ムートゥー] 携帯（電話）　chây [チャイ] はい，そうです　phûut [プート] 話す　mây sâap [マイサープ] 〜《[ワー] の省略で》〜を知らない，存じ上げない　khray [クライ] 誰　thoo [トー] 電話をかける　maa [マー] こちらへ「来る」という方向性を表す補語

068 またかけ直します

จะโทรมาใหม่

A*: คุณ สมหวัง เข้า ประชุม อยู่ คะ
　　khun Sǒmwǎŋ khâw prachum yùu khâ

B: งั้น ตอนบ่าย จะ โทร มา ใหม่ ครับ
　　ŋán tɔɔnbàay ca thoo maa mày khráp

- -

　A: ソムワンさんは今，会議中です。
　B: じゃあ，午後にまたかけ直します。

ポイント khâw prachum [カウプラチュム] 会議に出席する　yùu [ユー] 〜している《状態が継続していることを表す》　mày [マイ] もう一度，再び；新しい

069 電話で話す

คุยทางโทรศัพท์

A*: เดี๋ยว ต้อง เข้า ออฟฟิศ ค่ะ
　　dǐaw tɔ̂ŋ khâw ɔ́ɔfít khâ

B: โอเค พรุ่งนี้ คุย ทาง โทรศัพท์ ก็ ได้ ครับ
　　ookhee phrûŋníi khuy thaaŋ thoorasàp kɔ̂ dây khráp

- -

　A: もう仕事に戻らなきゃならないわ。
　B: オーケー。明日，電話で話してもいいですよ。

ポイント khâw ɔ́ɔfít [カウオフィット] 仕事に戻る，出社する　thaaŋ [ターング] 〜で，〜を通して　kɔ̂ dây [ゴダイ] 〜でもいい，〜してもいい《許可》

☐ 070 お先に失礼します

ขอตัวก่อน

A: มี ธุระ ขอ ตัว ก่อน นะ ครับ
   mii thúrá khɔ̌ɔ tua kɔ̀ɔn ná khráp

B*: เชิญ ค่ะ   คราวหน้า คุย ต่อ นะ คะ
   chəən khâ khraawnâa khuy tɔ̀ɔ ná khá

A: 用事があるので、お先に失礼します。
B: どうぞ。次回、続きを話し合いましょう。

thúrá [トゥラ] 用事   khɔ̌ɔ tua kɔ̀ɔn [コー トゥア ゴーン] お先に失礼します
~ tɔ̀ɔ [トー] ~を続ける

☐ 071 また明日

พรุ่งนี้นะ

A: กำลัง ยุ่ง ไปก่อน นะ
   kamlaŋ yûŋ pay kɔ̀ɔn ná

B*: งั้น พรุ่งนี้ นะ คะ
   ŋán phruŋníi ná khá

A: 今忙しいんだ、お先に。
B: じゃあ、また明日ね。

pay kɔ̀ɔn [パイ ゴーン] 先に行きます、お先に失礼します《挨拶》

☐ 072 また会いましょう

エjɔɔ kan mày

เจอกันใหม

A: เดี๋ยว ต้อง ขึ้น เครื่อง แล้ว ไป ละ นะ
   dǐaw tɔ̂ŋ khûn khrûaŋ lɛ́ɛw pay lá ná

B*: ปีหน้า เจอ กัน ใหม่ นะ คะ
   piinâa cəə kan mày ná khá

A: もう搭乗しなきゃ、もう行くよ。
B: 来年また会いましょうね。

khûn khrûaŋ [クン・クルアング] 「搭乗する」《khrûaŋbin [クルアングビン] 「飛行機」の bin を略した言い方》   pay lá ná [パイラナ] "pay lɛ́ɛw ná [パイレーウナ]" が短くなった別れの挨拶「もう行くよ」   cəə [チュー] 会う、出会う：(探し物が) 見つかる

25

□ 073 ご無事でご帰国なさってください
ขอให้กลับประเทศโดยสวัสดิภาพ

A*: ขอ ให้ กลับ ประเทศ โดย สวัสดิภาพ นะ คะ
khɔ̌ɔ hây klàp prathêet dooy sawàtdiphâap ná khá

B: ขอบคุณ มาก ครับ　กลับ เมืองไทย แล้ว จะ ส่ง อีเมล์ มา
khɔ̀ɔpkhun mâak khráp　klàp mɯaŋthay lɛ́ɛw cà sòŋ iimee maa

A: ご無事でご帰国なさってくださいね。
B: ありがとうございます。タイへ帰ったらメールしますよ。

ポイント khɔ̌ɔ hây ~ [コーハイ~] ～されますように　　klàp [グラップ] 帰る，戻る　　prathêet [プラテート] 国　　dooy [ドーイ] ～で，～によって〈手段・原因・理由・状態・条件など〉　　sawàtdiphâap [サワッディパープ] 安全，無事　　sòŋ [ソング] 送る　　iimee [イーメー] e メール

□ 074 ～によろしく
ฝากความคิดถึง ~

A: หวัง ว่า จะ ได้ พบ กัน ใหม่ นะ　ฝาก ความคิดถึง พ่อแม่ ด้วย
wăŋ wâa ca dây phóp kan mày ná　fàak khwaamkhítthɯ̌ŋ phɔ̂ɔmɛ̂ɛ dûay

B*: จะ บอก แน่ๆ ค่ะ
ca bɔ̀ɔk nɛ̂ɛnɛ̂ɛ khâ

A: また会えるといいね。ご両親にもよろしく。
B: 必ず伝えます。

ポイント wăŋ wâa ~ [ワングワー~] ～を希望する，～だといい　　fàak [ファーク] 託す　　khwaamkhítthɯ̌ŋ [クワームキットゥング] 想い　　dûay [ドゥアイ] ～にも　　bɔ̀ɔk [ボーク] 言う，話す，告げる，伝える　　nɛ̂ɛnɛ̂ɛ [ネーネー] 必ず，確かに，きっと

□ 075 寂しくなる
คงคิดถึง

A: มีเอะ ไป แล้ว คง คิดถึง แน่ๆ
Mie pay lɛ́ɛw khoŋ khítthɯ̌ŋ nɛ̂ɛnɛ̂ɛ

B*: ตอน สิ้นปี จะ มา อีก ค่ะ　จะ ได้ เจอ กัน ใหม่
tɔɔn sînpii ca maa ìik khâ　ca dây cəə kan mày

A: 美枝が行ってしまうと，寂しくなるな。
B: 年末にまた来ます。また会えるわ。

ポイント lɛ́ɛw [レーウ] もう～してしまう　　khoŋ [コン] きっと〔おそらく〕～するだろう　　sînpii [シンピー] 年末　　ca dây ~ [チャダイ~] 「（未来に）～（することが）できるだろう」という表現　　mày [マイ]：mày（新しく）も ìik [イーク] と同様に「再び」という意味に使う

บทสนทนาในชีวิตประจำวัน

Ⅱ

質問する・答える

□ 076

ちょっとお尋ねしてもいいですか？
ขอถามหน่อยได้ไหม

A*: ขอโทษ ขอ ถาม หน่อย ได้ ไหม คะ
khɔ̌ɔthôot khɔ̌ɔ thǎam nɔ̀y dây máy khá

B: ได้ ครับ เชิญ เลย
dây khráp chəən ləəy

> A: すみません，ちょっとお尋ねしてもいいですか？
> B: いいですよ，どうぞ。

ポイント
~ dây máy [ダイマイ] 〜してもいいですか？，〜してもよろしいですか？

□ 077

質問があります
มีข้อสงสัย

A*: คุณ ครู ขา มี ข้อสงสัย ค่ะ
khun khruu khǎa mii khɔ̂ɔ sǒŋsǎy khâ

B: มี อะไร นะ ถาม ซิ
mii aray ná thǎam sí

> A: 先生〜，質問があります。
> B: 何だい？ 言いなさい。

ポイント
khun khruu [クンクルー] クルー「先生」の尊称 khǎa [カー] 女性が丁寧な呼びかけにつける語 khɔ̂ɔ sǒŋsǎy [コーソングサイ] 質問［疑問点，不明点］ thǎam [ターム] 尋ねる，聞く，質問する

□ 078

聞きたいことがある
มีเรื่องขอทราบ

A*: มี เรื่อง ขอ ทราบ เยอะ นะ คะ
mii rûaŋ khɔ̌ɔ sâap yá ná khá

B: โอเค ถาม ได้ เลย
ookhee thǎam dây ləəy

> A: 聞きたいことがいっぱいあるのよ。
> B: オーケー，聞いてかまわないよ。

ポイント

rûaŋ [ルアング] 話，用件 khɔ̌ɔ sâap [コーサープ] 知りたい yá [ユッ] たくさん，いっぱい

☐ **079** 行くのか行かないのか
🎧 ไปหรือไม่ไป

A: เล็คเชอร์ ดอกเตอร์ ยามาดะ คราวนี้ ไป หรือ ไม่ ไป
lékchɤ̂ɤ dɔ̀ɔktɤ̂ɤ Yamada khraaw níi pay rɯ̌ɯ mây pay

B*: ยัง ไม่ แน่ ค่ะ อาทิตย์ หน้า ค่อย ตอบ
yaŋ mây nɛ̂ɛ khâ athít nâa khɔ̂y tɔ̀ɔp

A: 今回の山田博士の講演，行くの？ それとも行かないの？
B: まだわからないの，来週になってからお返事します。

ポイント lékchɤ̂ɤ [レクチャー] レクチャー，講義，講演 khraaw níi [クラーウニー] 今回，今度 rɯ̌ɯ [ルー] それとも khɔ̂y [コイ] 動詞の前に置いて，ぼちぼち [ゆっくり] 〜する，というニュアンスになる。慣用的に使うので特に日本語にする必要はない tɔ̀ɔp [トープ] 答える，返事をする

☐ **080** 賛成か反対か
🎧 เห็นด้วยหรือคัดค้าน

A: คุณ เห็นด้วย หรือ คัดค้าน การผลิตไฟฟ้าปรมาณู
khun hěndûay rɯ̌ɯ khátkháan kaanphalìtfayfáa paramanuu

B*: คัดค้าน แน่ๆ ซิ คะ อันตราย ต่อ สิ่งแวดล้อม
khátkháan nɛ̂ɛnɛ̂ɛ sí khá antaraay tɔ̀ɔ sìŋwɛ̂ɛtlɔ́ɔm

A: あなたは原子力発電に賛成ですか，反対ですか？
B: もちろん反対です。環境にとって危険です。

ポイント kaanphalìtfayfáa [ガーンパリットファイファー] 発電 paramanuu [パラマヌー] 原子 nɛ̂ɛ [ネー] 確かに，もちろん ๆ は前の語の繰り返しを表す sìŋwɛ̂ɛtlɔ́ɔm [シングウェートローム] 環境

☐ **081** 正しいかどうか（正しくないか）
🎧 ถูกต้องหรือไม่ (ถูกต้อง)

A: ที่ ผม พูด คุณ คิดว่า ถูกต้อง หรือ ไม่ (ถูกต้อง)
thîi phǒm phûut khun khít wâa thùuktɔ̂ŋ rɯ̌ɯ mây (thùuktɔ̂ŋ)

B*: คิดว่า ถูกต้อง ซิ คะ แต่ จำเป็น ต้อง อธิบาย อีก
khít wâa thùuktɔ̂ŋ sí khá tɛ̀ɛ campen tɔ̂ŋ athíbaay ìik

A: わたしの話したことは正しいと思われるかどうか。
B: 正しいと思いますよ。ただもっと説明する必要があります。

ポイント khít wâa 〜 [キットワー〜] 〜と考える，理解する thùuktɔ̂ŋ [トゥークトング] 正しい campen tɔ̂ŋ [ヂャムペントング] 必要である athíbaay [アティバーイ] 説明する

29

082

おもしろかった？
สนุกไหม

A*: เมื่อวาน ไป ดู หนัง เรื่อง อะไร คะ   สนุก ไหม
mûawaan pay duu nǎŋ rûaŋ aray khá   sanùk máy

B: ไป ดู เรื่อง องค์บาก   สนุก มาก เลย
pay duu rûaŋ oŋbàak   sanùk mâak ləəy

A: 昨日，何の映画を観に行ったの？　おもしろかった？
B: "マッハ" 観てきた。すごくおもしろかった。

ポイント rûaŋ [ルアング] 映画の類別詞　　sanùk [サヌック] おもしろい，楽しい
oŋbàak [オングバーク] 『マッハ』の原題

083

気に入った？
ชอบไหม

A: เสื้อ สีขาว ที่ ซื้อ ให้ เมื่ออาทิตย์ที่แล้ว   ชอบ ไหม
sûa sǐi khǎaw thîi súu hây mûa-athítthîiléɛw   chɔ̂ɔp máy

B*: ชอบ มาก ค่ะ   แม่ ก็ ชม ว่า สวย
chɔ̂ɔp mâak khâ   mɛ̂ɛ kɔ̂ chom wâa sǔay

A: 先週買ってあげた白いブラウスは気に入った？
B: とても気に入ったわ，母もきれいだってほめてくれたわ。

ポイント súu hây [スーハイ] 買ってあげる　　mûa-athítthîiléɛw [ムア・アティットティーレーウ] 先週
chom [チョム] ほめる，賞賛［賛美］する

084

どのような見解ですか？
มีความเห็นอย่างไร

A: อาจารย์ มี ความเห็น อย่างไร กับ คำเรียกร้อง ของ นักเรียน พวก นี้ ครับ
acaan mii khwaamhěn yàaŋray kàp khamrîakrɔ́ɔŋ khɔ̌ŋ nákrian phûak níi khráp

B*: คิดว่า ต้อง พิจารณา ค่ะ
khít wâa tɔ̂ŋ phítcaaranaa khâ

A: 先生，生徒たちの要求について，どのような見解をお持ちですか？
B: 検討しなければならないと思います。

ポイント khwaamhěn [クワームヘン] 見解，意見　　khamrîakrɔ́ɔŋ [カムリアクローング] 要求
phûak níi [プアクニー] これらの　　phítcaaranaa [ピッチャラナー] 検討する

□ **085** 🎧 まだお名前を存じません
ยังไม่ทราบชื่อ

A*: ขอโทษ ยัง ไม่ ทราบ ชื่อ ค่ะ
khɔ̌ɔthôot yaŋ mây sâap chʉ̂ʉ khâ

B: ผม ชื่อ ทาคะโนริ ฮะราดะ ครับ
phǒm chʉ̂ʉ Takanori Harada khráp

A: すみません，まだお名前を存じませんが。
B: わたくし，原田孝則と申します。

ポイント sâap [サープ] 知る《ルーより丁寧》 chʉ̂ʉ [チュー]「名前」という名詞と，「〜と称する」という動詞になる

□ **086** 🎧 どういうスペルですか？
สะกดยังไง

A: ฟัง ไม่ ชัด ครับ ชื่อ คุณ สะกด ยังไง
faŋ mây chát khráp chʉ̂ʉ khun sakot yaŋŋay

B*: ว แหวน สระ อิ ไม้มลาย ล ลิง วิไล ค่ะ
wɔɔ wɛ̌ɛn sarà ì máymalaay lɔɔ liŋ Wílay khâ

A: はっきり聞き取れませんでした，お名前はどういうスペルですか？
B: 指輪のウォー，母音のイ，マイマライ，猿のローで，ウィライです。

ポイント sakot [サコット] スペル wɛ̌ɛn [ウェーン] 指輪 sarà [サラ] 母音 máymalaay [マイマラーイ] 母音の l [アイ]

□ **087** 🎧 名前を伺ってもいいですか？
ขอทราบชื่อได้ไหม

A: เพื่อน จอห์น เหรอ ขอ ทราบ ชื่อ ได้ ไหม ครับ
phʉ̂an John lɤ̌ɤ khɔ̌ɔ sâap chʉ̂ʉ dây máy khráp

B*: ชื่อ มะกิโกะ ค่ะ ยินดี ที่ ได้ รู้จัก ค่ะ
chʉ̂ʉ Makiko khâ yindii thîi dây rúucàk khâ

A: ジョンの友だちなの？ お名前伺ってもいいですか？
B: 真紀子です。はじめまして。

ポイント khɔ̌ɔ sâap [コーサープ] khɔ̌ɔ は「させていただく」という丁寧な表現
rúucàk [ルーヂャック] 知り合う，認識する

□ 088 出身はどちらですか？

🎧 มาจากไหน

A*: มา จาก ไหน คะ
maa càak nǎy khá

B: ผม มา จาก ขอนแก่น ครับ ภาคตะวันออกเฉียงเหนือ น่ะ ครับ
phǒm maa càak Khɔ̌nkèn kháp phâaktawanɔ̀ɔkchǐaŋnǔa nâ kháp

A: ご出身はどちらですか？
B: コンケンです。東北地方ですよ。

ポイント maa càak nǎy [マーヂャークナイ] どちらから来たのか？ phâak [パーク] 地方，地域
tawanɔ̀ɔk chǐaŋnǔa [タワンオークチアングヌア] 東北 kháp [カップ] khráp の r 音を抜いて軽く発
音する簡略な言い方

□ 089 バンコクの方ですよね？

🎧 เป็นคนกรุงเทพฯใช่ไหม

A*: คุณ เป็น คน กรุงเทพฯ ใช่ไหม คะ
khun pen khon Kruŋthêep chây máy khá

B: เปล่า ครับ เป็น คน เชียงใหม่
plàaw khráp pen khon Chiaŋmày

A: バンコクの方ですよね？
B: いいえ，チェンマイ出身です。

ポイント khon Kruŋthêep [コングルンテープ] バンコクっ子，バンコク人

□ 090 あなたはどこの国の方ですか？

🎧 เป็นคนชาติอะไร

A: ขอโทษ ครับ คุณ เป็น คน ชาติ อะไร ครับ
khɔ̌ɔthôot khráp khun pen khon châat aray khráp

B*: คน ญี่ปุ่น ค่ะ มา จาก โตเกียว
khon yîipùn khâ maa càak Tokiaw

A: すみません，あなたはどこの国の方ですか？
B: 日本人です。東京から来ました。

ポイント châat [チャート] 国，民族

□ 091 ご職業は？

🎧 มีอาชีพอะไร

A*: คุณ มี อาชีพ อะไร คะ
khun mii aachíip aray khá

B: เคย เป็น ข้าราชการ แต่ ตอนนี้ เกษียณอายุ แล้ว
khəəy pen khâarâatchakaan tὲε tɔɔnníi kasǐanaayú lέεw

A: ご職業は何ですか？
B: 公務員でしたが，今は定年になっています。

> **ポイント** aachíip [アーチーブ] 職業　　khəəy pen ~ [クーイペン ~] かつて～だった
> kasǐanaayú [ガシアンアユ] 定年になる 《khróp kasǐanaayú の khróp が省略されることが多い》

□ 092 どういった方面のお仕事ですか？

🎧 ทำงานด้านไหน

A*: ที่ เมืองไทย ทำงาน ด้าน ไหน คะ
thii mɯaŋthay thamŋaan dâan nǎy khá

B: ทำงาน ที่ โรงงาน ผลิต ชิ้นส่วน รถยนต์ ครับ
thamŋaan thii rooŋaan phalìt chínsùan rótyon khráp

A: タイではどういった方面のお仕事されていますか？
B: 車の部品を製造する工場で仕事をしています。

> **ポイント** dâan [ダーン] 方面　　phalìt [パリット] 製造する，生産する
> chínsùan [チンスアン] 部品　　rótyon [ロットヨン] 自動車

□ 093 どちらでお仕事されていますか？

🎧 ทำงานที่ไหน

A: ทำงาน ที่ไหน นะ ครับ
thamŋaan thii nǎy ná khráp

B*: ทำงาน ที่ ห้าง เซ็นทรัล ค่ะ　เชิญ มา ช็อปปิ้ง นะคะ
thamŋaan thii hâaŋ senthân khâ　chəən maa chɔppîŋ ná khá

A: どちらでお仕事されてるんですか？
B: セントラルデパートです。お買い物にいらしてね。

> **ポイント** thamŋaan thii nǎy [タムンガーン・ティナイ] は「どこ」で働いているのか，という意味であるが，場所（地名）を尋ねているのではなくて，仕事の場所である会社とかデパートとか銀行とかを尋ねている表現。　　hâaŋ [ハーング] デパート，大きな店

☐ 094

学校はどちら？
เรียนอยู่ที่ไหน

A: อ้าว เป็น นักศึกษา เหรอ เรียน อยู่ ที่ไหน
âaw pen náksùksǎa lɔ̌ɔ rian yùu thîinǎy

B*: มหาวิทยาลัย ธรรมศาสตร์ ค่ะ อยู่ คณะ เศรษฐศาสตร์
mahǎawítthayaalay thammasàat khâ yùu kháná sèetthasàat

A: えっ，大学生なの？ どこの大学？（直訳では，どこで学んでいるの？）
B: タマサート大学です。経済学部にいます。

ポイント náksùksǎa [ナックスクサー] 大学生　　mahǎawítthayaalay [マハーウィタヤライ] 大学
kháná [カナ] 学部　　sèetthasàat [セータサート] 経済学

☐ 095

専攻は何ですか？
วิชาเอกเรียนอะไร

A: วิชาเอก คุณ เรียนอะไร
wíchaa èek khun rian aray

B*: เรียน เทคโนโลยีสารสนเทศ ค่ะ
rian théknolooyiisǎarásǒnthêet khâ

A: 専攻は何ですか？
B: IT です。

ポイント wíchaa èek [ウィチャーエーク] 専攻　　théknolooyiisǎarásǒnthêet [テクノロイーサーラソンテート] 情
報技術（IT）

☐ 096

出身大学はどちら？
จบมหาวิทยาลัยไหน

A: เธอ จบ มหาวิทยาลัย ไหน
thəə còp mahǎawítthayaalay nǎy

B*: ยัง ไม่ จบ เลย ค่ะ อยู่ ม.ช.
yaŋ mây còp ləəy khâ yùu mɔɔchɔɔ

A: きみはどこの大学を出たの？
B: まだ卒業していません。チェンマイ大学にいます。

ポイント còp [チョップ] 卒業する　　mɔɔchɔɔ [モーチョー] マハーウィタヤライ・チェンマイの頭文字

□ 097 何歳？

อายุเท่าไร

A: คุณ มิชิโกะ อายุ เท่าไร ครับ
khun Michiko aayú thâwray khráp

B*: แหม ไม่ บอก
mɛ̌ɛ mây bɔ̀ɔk

A: みち子さん，おいくつですか？
B: え〜？，言わないわ。

 aayú [アーユ] 年齢　　mɛ̌ɛ [メー]《感嘆詞》ここでは，「あきれた」というトーン

□ 098 お子さんは何歳ですか？

ลูกอายุเท่าไร

A*: ลูกๆ ที่ อยู่ ญี่ปุ่น อายุ เท่าไร คะ
lûuklûuk thîi yùu yîipùn aayú thâwray khá

B: คนโต ๕ ขวบ คน เล็ก ๒ ขวบ
khon too hâa khùap khon lék sɔ̌ɔŋ khùap

A: 日本にいるお子さんたちは何歳ですか？
B: 上の子が5歳で，下の子が2歳です。

lûuklûuk [ルークルーク] 子どもたち　　khon too [コントー] 大きい子，上の子　　khùap [クアップ] 〜歳《12歳以下のみ。それ以上は ปี pii [ピー]》　　khon lék [コンレック] 下の子

□ 099 お父さんは，もうおいくつになられましたか？

คุณพ่ออายุเท่าไรแล้ว

A*: คุณพ่อ อายุ เท่าไร แล้ว คะ
khun phɔ̂ɔ aayú thâwray lɛ́ɛw khá

B: พ่อ อายุ ๘๕ แล้ว นะ ครับ แต่ ยัง แข็งแรง อยู่
phɔ̂ɔ aayú pɛ̀ɛtsìp hâa lɛ́ɛw ná khráp tɛ̀ɛ yaŋ khɛ̌ŋrɛɛŋ yùu

A: お父さんは，もうおいくつになられましたか？
B: 父はもう85（歳）になりましたが，まだ元気でいますよ。

lɛ́ɛw [レーウ] すでに，もう　　khɛ̌ŋrɛɛŋ [ケングレング] 丈夫，健康

□ 100　何をするのが好きですか？
ชอบทำอะไร

A: ว่างๆ ชอบ ทำ อะไร
wâŋwâaŋ chɔ̂ɔp tham aray

B*: ชอบ ฟัง เพลง ซีดี หรือ ไม่ ก็ ดู ละครทีวี
chɔ̂ɔp faŋ phleeŋ siidii rǔu mây kɔ̂ duu lákhɔɔn thiiwii

A: 暇なときは何をするのが好き？
B: CDで曲を聴くか，さもなければテレビドラマを見るのが好きよ。

ポイント wâŋwâaŋ [ワングワーング] 暇なとき，あいているとき　　faŋ [ファング] 聞く　　phleeŋ [プレーング]
歌，曲　　rǔu mây kɔ̂ [ルーマイゴー] さもなければ　　lákhɔɔn [ラコーン] ドラマ

□ 101　趣味はありますか？
มีงานอดิเรกไหม

A: คุณ มี งานอดิเรก บ้าง ไหม
khun mii ŋaan-adirèek bâaŋ máy

B*: มี ซิ คะ　วาด รูป และ ก็ ถ่าย รูป ด้วย
mii sí khá　wâat rûup lé kɔ̂ thàay rûup dûay

A: 何か趣味はありますか？
B: ありますよ。絵を描くし，写真も撮ります。

ポイント ŋaan-adirèek [ンガーン・アディレーク] 趣味　　wâat rûup [ワートループ] 絵を描く　　thàay rûup [タ
ーイループ] 写真を撮る　　rûup [ループ] 写真，絵

□ 102　〜に興味はありますか？
สนใจ ~ หรือเปล่า

A*: สนใจ คาบูกิ หรือเปล่า คะ
sǒncay kabuki rúiplàaw khá

B: น่าสนใจ เหมือนกัน นะ ครับ แต่ ก็ ไม่ คิด จะ ไป ดู
nâasǒncay mǔankan ná khráp tɛ̀ɛ kɔ̂ mây khít ca pay duu

A: 歌舞伎に興味はありますか？
B: けっこうおもしろそうではありますが，観に行こうとは思いません。

 sǒncay [ソンチャイ] 興味を持つ，関心を持つ　　nâasǒncay [ナーソンチャイ] おもしろそう，興味深げな

103 将来は何をしたいですか？
ในอนาคตอยากทำอะไร

A: ใน อนาคต อยาก ทำ อะไร ครับ
nay anaakhót yàak tham aray khráp

B*: อยาก เรียน แฟชั่น และ เป็น ดีไซน์เนอร์ ค่ะ
yàak rian fɛɛchân lɛ́ pen diisaynə̂ə khâ

A: 将来は何をしたいですか？
B: ファッションの勉強をして，デザイナーになりたいです。

 anaakhót [アナーコット] 未来，将来　　yàak [ヤーク] 〜したい　　rian [リアン] 勉強する，学ぶ，習う　　fɛɛchân [フェーチャン] ファッション　　lɛ́ [レ] そして〜，〜と〜　　diisaynə̂ə [ディザイナー] デザイナー

 104 これからどうするつもりですか？
ต่อไปนี้คิดจะทำยังไง

A: อ้าว ตก งาน เหรอ　ต่อไปนี้ คิด จะ ทำ ยังไง นะ
âaw tòk ŋaan lə̌ə tɔ̀ɔpayníi khít ca tham yaŋŋay ná

B*: หา งาน พาร์ทไทม์ ก่อน แล้ว ค่อย หา งาน ถาวร
hǎa ŋaan phaatthaym kɔ̀ɔn lɛ́ɛw khɔ̂y hǎa ŋaan thǎawɔɔn

A: えっ，失業したの？　これからどうするつもりかい？
B: まずアルバイトの仕事を探して，それから正規の仕事を探すわ。

tòk ŋaan [トック・ンガーン] 失業する　　tɔ̀ɔpayníi [トーパイニー] 今後，これから　　phaatthaym [パートタイム] パートタイム　　lɛ́ɛw khɔ̂y [レーウ・コイ] それから　　ŋaan thǎawɔɔn [ンガーンターウォン] 正規の仕事，永続する仕事

 105 何になりたい？
อยากจะเป็นอะไร

A: หนู จ๋า เมื่อ โต ขึ้น อยาก จะ เป็น อะไร นะ
nǔu cǎa mʉ̂a too khʉ̂n yàak ca pen aray ná

B*: อยาก จะ เป็น หมอ ค่ะ
yàak ca pen mɔ̌ɔ khâ

A: 大きくなったら何になりたい？
B: お医者さんになりたいの。

 nǔu [ヌー] 自分より歳がずっと若い者への呼びかけ《二人称》　　cǎa [チャー] 身内同士や子どもへ親しみを込めて名前や二人称のあとにつける　　too khʉ̂n [トークン] 大きくなる

Ⅱ 質問する・答える

106 恋人はいますか？
มีแฟนหรือเปล่า

A: เธอ สวย จัง มี แฟน หรือเปล่า
thəə sǔay caŋ mii fɛɛn rúplàaw

B*: มี ค่ะ อยู่ ที่ ญี่ปุ่น
mii khâ yùu thîi yîipùn

A: きみはきれいだね，恋人はいるの？
B: います。日本に。

ポイント fɛɛn [フェーン] 恋人，夫，妻など決まった相手を指す

107 彼氏は何をしているの？
แฟนทำอะไร

A: แฟน ทำ อะไร
fɛɛn tham aray

B*: เขา ทำ ธุรกิจ ส่วนตัว ค่ะ
kháw tham thúrakìt sùantua khâ

A: 彼氏は何をしているの？
B: 個人でビジネスをやっています。

ポイント tham [タム] する，行う，作る　　thúrakìt [トゥラギット] ビジネス，事業
sùantua [スアントゥア] プライベートの，個人的な，私的な　　thúrakìt sùantua で「自営業」

108 どんなタイプの～が好きですか？
ชอบ ～ แบบไหน

A: รู้ หรือเปล่า ว่า โนบีโกะ ชอบ ผู้ชาย แบบ ไหน
rúu rúplàaw wâa Nobuko chɔ̂ɔp phûuchaay bɛ̀ɛp nǎy

B*: เขา ชอบ ตัว สูงๆ นิสัย ร่าเริง
kháw chɔ̂ɔp tua sǔŋsǔuŋ nísǎy râarəəŋ

A: 信子はどういうタイプの男性が好きなのか，知ってる？
B: 背が高くて，性格が明るい人よ。

ポイント bɛ̀ɛp [ベープ] 型，タイプ　　sǔŋsǔuŋ [スングスーング]「高い」の繰り返しで感情を表現する
nísǎy [ニサイ] 性格　　râarəəŋ [ラールング] 明るい，陽気な

38

109 もう結婚されていますか？

แต่งงานแล้วหรือยัง

A*: คุณ ฮะราดะ แต่งงาน แล้ว หรือยัง คะ

khun Harada tὲŋŋaan lέεw rúyaŋ khá

B: ยัง ครับ ยัง เป็น โสด

yaŋ khráp yaŋ pen sòot

A: 原田さんはもう結婚されていますか？
B: まだです。まだ独身です。

> **ポイント** tὲŋŋaan [テングンガーン] 結婚する ～ lέεw rúyaŋ [レーウ ルーヤン] もう～したか
> yaŋ [ヤン] まだ《未達、未完了》 sòot [ソート] 独身

---

110 結婚してどのくらいになりますか？

แต่งงานนานเท่าไร

A*: ลูกสาว แต่งงาน นาน เท่าไร คะ

lûuksǎaw tὲŋŋaan naan thâwray khá

B: แต่ง มา เกือบ ๒ ปี แล้ว มี ลูก แล้ว ด้วย

tὲŋ maa kùap sɔ̌ɔŋ pii lέεw mii lûuk lέεw dûay

A: 娘さんは結婚してどのくらいになりますか？
B: 結婚してまもなく丸２年になります。もう子どももいます。

> **ポイント** tὲŋŋaan [テングンガーン] 結婚する naan thâwray [ナーンタウライ] どれくらい《長さ》
> maa [マー] 過去から現在までの継続を表現している kùap [グアップ] ほとんど

---

111 お子さんは何人ですか？

มีลูกกี่คน

A: คุณ มี ลูก กี่ คน ครับ

khun mii lûuk kìi khon khráp

B*: ๒ คน ค่ะ ลูกสาว คน หนึ่ง กะ ลูกชาย คน หนึ่ง

sɔ̌ɔŋ khon khâ lûuksǎaw khon nɯ̀ŋ ka lûukchaay khon nɯ̀ŋ

A: お子さんは何人ですか？
B: ２人です。娘１人に息子１人。

> **ポイント** khon nɯ̀ŋ [コンヌング] １人。nɯŋ（１）は類別詞の後に言うことが多い。その際、声調は平声になる ka [ガ]：kàp [ガップ]（～と～）が口語でつまった音

Ⅱ 質問する・答える

112 いくらですか？
ขายยังไง

A*: มะนาว นี่ ขาย ยังไง คะ
mánaaw nîi khǎay yaŋŋay khá

B: ๕ ลูก ๒๐ บาท
hâa lûuk yîisìp bàat

A: ライムはいくらなの？
B: 5個で20バーツだよ。

 khǎay yaŋŋay [カーイヤング・ンガイ] 直訳では，どう売るのか，という意味。正札のついていない市場では，一山なのか，グラムなのか，1個なのかわからない場合，このような聞き方をする。
nîi [ニー] これ。買う品物を強調する

 113 まけてくれる？
ลดได้ไหม

A*: นี่ แพง จัง ลด ได้ ไหม
nîi phɛɛŋ caŋ lót dây máy

B: ได้ เอา กี่ กิโล
dâay aw kìi kiloo

A: これ高いわ〜。まけてくれる？
B: いいよ，何キロいるんだい？

 phɛɛŋ [ペーン]（値段が）高い lót [ロット]《raakhaa [ラーカー] 値段が省略されている》値段をまける；下げる，減らす aw [アウ] 要る，欲しい，要求する，必要とする

114 〜を払わないとなりませんか？
ต้องจ่าย ~ หรือเปล่า

A: เวลา เช่า ห้อง ต้อง จ่าย เงินมัดจำ หรือเปล่า ครับ
weelaa châw hɔ̂ŋ tɔ̂ŋ càay ŋən mátcam rúplàaw khráp

B*: ปกติ ต้อง จ่าย ค่ะ
pakatì tɔ̂ŋ càay khâ

A: 部屋を借りるときは，敷金を払わないといけませんか？
B: 普通は払わないとなりませんよ。

 weelaa [ウェーラー] 〜するとき châw [チャウ] 借りる
ŋən mátcam [ングン・マッチャム] 敷金，手付金 pakatì [パカティ] 通常，普通

□115 ～はタイ語でなんと言いますか？

ภาษาไทย ~ เรียกว่าอะไร

A: ภาษาไทย express way เรียก ว่า อะไร ครับ
phaasǎa thay express way rîak wâa aray khráp

B*: เรียก ว่า ทางด่วน ค่ะ
rîak wâa thaaŋ dùan khâ

A: タイ語で express way（高速道路）は何と言いますか？
B: ターングドゥアンと言います。

rîak wâa ~ ［リアクワー］ ～と呼ぶ, と称する

□116 ～はどういう意味ですか？

~ แปลว่าอะไร

A*: ปฏิรูป แปลว่า อะไร คะ
patirûup plɛɛ wâa aray khá

B: แปล ว่า reform ครับ
plɛɛ wâa reform khráp

A: パティループってどういう意味ですか？
B: reform（改革）, という意味ですよ。

patirûup ［パティループ］ 改革　　plɛɛ wâa ~ ［プレーワー］ ～と意味する, ～という意味である

□117 ～は何を意味していますか？

~ หมายความว่าอะไร

A*: "ซื่อ จน เซ่อ" หมายความ ว่า อะไร คะ
"sûɯ con sôə" mǎay khwaam wâa aray khá

B: หมายความ ว่า ซื่อตรง เกิน ไป จน ทำ อะไร ก็ เสียหาย
mǎay khwaam wâa sûɯtroŋ kəən pay con tham aray kɔ̂ sǐahǎay

A: スーヂョンスーって何のことですか？
B: 正直すぎて何をしても損をする, という意味です。

sûɯ ［スー］ または sûɯtroŋ ［スートロング］：正直な　　sôə ［スー］ 愚かな　　sûɯ con sôə ［スーヂョンスー］ 馬鹿正直　　~ kəən pay ［グーンパイ］ ～すぎる

41

☐ **118** わかりますか？
🎧 รู้เรื่องไหม

A: ภาษาไทย ฟัง รู้เรื่อง ไหม
phaasǎa thay, faŋ rúurûaŋ máy

B*: รู้เรื่อง บ้าง ค่ะ   แต่ พูด ช้าๆ หน่อย ได้ ไหม คะ
rúurûaŋ bâaŋ khâ tɛ̀ɛ phûut cháacháa nɔ̀y dây máy khá

> A: タイ語聞いてわかりますか？
> B: いくらかわかりますが，ゆっくり話していただけますか？

ポイント phaasǎa thay [パーサータイ] タイ語 ＊faŋ [ファング] (聞く) の目的語なので，本来は faŋ の後にくるが，ここでは聞きたい主題を先に言っている表現 rúurûaŋ [ルールアング] わかる，意味がとれる phûut [プート] 話す，言う cháacháa [チャーチャー] ゆっくりと

☐ **119** わかりますか？
🎧 เข้าใจหรือเปล่า

A: เข้าใจ เลคเชอร์ เมื่อเช้านี้ หรือเปล่า
khâwcay lékchə̂ə mûacháawníi rúplàaw

B*: ไม่ ค่อย เข้าใจ ค่ะ   เขา พูด เร็ว ด้วย ยาก ด้วย
mây khɔ̂y khâwcay khâ kháw phûut rew dûay yâak dûay

> A: 今朝の講義はわかった？
> B: ほとんどわかりませんでした。速いし，難しいし。

ポイント khâwcay [カウヂャイ] わかる，理解する mây khɔ̂y ~ [マイコイ ~] ほとんど~ない rew [レウ] 速い yâak [ヤーク] 難しい，困難な dûay [ドゥアイ]「~でもある」

☐ **120** ～を読めますか？
🎧 อ่าน ~ ออกไหม

A*: อ่าน หนังสือพิมพ์ ไทย ออก ไหม คะ
àan nǎŋsǔuphim thay ɔ̀ɔk máy khá

B: อ่าน ออก แต่ คำ ง่ายๆ เท่านั้น ครับ
àan ɔ̀ɔk tɛ̀ɛ kham ŋâayŋâay thâwnán khráp

> A: タイの新聞を読めますか。
> B: やさしい単語だけなら読めます。

ポイント àan ~ ɔ̀ɔk [アーン ~ オーク] ~を読み取れる［読める］ nǎŋsǔuphim [ナングスーピム] 新聞 ŋâay [ンガーイ] やさしい《繰り返して気持ちを表現》 thâwnán [タウナン] ~のみ，~だけ

□ 121 🎧
~はどこですか？
~ อยู่ที่ไหน

A*: **สถานี รถไฟใต้ดิน อยู่ที่ไหน คะ**
sathăanii rótfaytâydin yùu thîinăy khá

B: **เดิน ตรงไป อีก สัก ๕๐๐ เมตร จะ เจอ ทางเข้า ที่ ซ้ายมือ**
dəən troŋpay iik sák hâarɔ́ɔy méet ca cəə thaaŋkhâw thîi sáaymɯɯ

A: 地下鉄の駅はどこですか？
B: あと 500 メートルほどまっすぐ行くと，左側に入口があります。

 sathăanii rótfaytâydin [サターニー・ロットファイタイディン] 地下鉄の駅　iik sák ~ [イークサック] あと ~ほど　thaaŋkhâw [タングカウ] 入口

□ 122 🎧
どこかへ行くの？
จะไปไหนหรือเปล่า

A: **แต่งตัว สวยๆ จะ ไป ไหน หรือเปล่า**
tèŋ tua súaysuay ca pay năy rúplàaw

B*: **จะ ไป งานเลี้ยงส่ง เพื่อน ซิ คะ**
ca pay ŋaan líaŋ sòŋ phûan sí khá

A: ずいぶんきれいなかっこしちゃって，どこかへ行くの？
B: 友だちの送別会に行くのよ。

tèŋ tua [テングトゥア] 衣服を着る　sŭay [スアイ] 美しい，きれいな。súaysuay [スアイスアイ] 繰り返すことで感情を表現，声調も変わる。　pay năy rúplàaw [パイナイルプラーウ] ここでは，ルプラーウが疑問詞で，ナイは疑問詞「どこ」ではなくて「どこか」(英語の anyplace)

□ 123 🎧
どの方面にありますか？
อยู่ทางไหน

A*: **วัด สุทัศน์ อยู่ ทางไหน คะ**
wát sùthát yùu thaaŋ năy khá

B: **จาก ที่นี่ ไกล นะ ครับ ไป แท็กซี่ ดี กว่า**
càak thîinii klay ná khráp pay théksii dii kwàa

A: スタット寺院はどっちですか？
B: ここからでは遠いですよ。タクシーで行ったほうがいいな。

yùu [ユー] ある，いる　thaaŋ năy [ターングナイ] どちらの方向　càak thîinii [チャークティーニー] ここから　klay [グライ] 遠い　dii kwàa [ディーグワー] ~のほうがいい，~したほうがいい

124 〜についてどう思う？

เห็นว่ายังไง

A: เห็น ว่า ยังไง กับ ที่ เขา พูด
hĕn wâa yaŋŋay kàp thîi kháw phûut

B*: ก็ ดี เหมือนกัน ค่ะ
kô dii mŭankan khâ

A: 彼が言ってたこと，どう思う？
B: ん〜，それなりにいいんじゃない？

 kàp [ガップ] 本来は「〜と」であるが，ここでは「〜について」　kô [コ] 即答できないときの「え〜と」とか「ん〜」にあたる言い方　mŭankan [ムアンガン] ここでは「同様に」ではなくて，「一応」「それなりに」

 125 ご見解を聞かせてください

ขอทราบความคิดเห็น

A*: ขอ ทราบ ความคิดเห็น ถึง สินค้า ใหม่ คราวนี้ ค่ะ
khɔ̌ɔ sâap khwaamkhíthĕn thŭŋ sĭnkháa mày khraaw níi khâ

B: ดีไซน์ ทันสมัย ดี คิด ว่า ขาย ดี ครับ
diisay thansamăy dii khít wâa khăay dii khráp

A: 今回の新商品についてご意見を伺いたいのですが。
B: デザインが現代的で，よく売れると思いますね。

 khɔ̌ɔ sâap [コーサープ]「知りたい」の丁寧な言い方　sĭnkháa [シンカー] 製品，商品
thansamăy [タンサマイ] 近代的，モダン　khăay dii [カーイディー] よく売れる

 126 どう考えるか

คิดว่ายังไง

A: ดู ข่าว เมื่อกี้นี้ คิด ว่า ยังไง นะ
duu khàaw mûakiinii khít wâa yaŋŋay ná

B*: มิ น่า เชื่อ นะคะ
mí nâa chûa ná khá

A: さっきのニュース，どう思った？
B: 信じられないわ。

 mûakiinii [ムアギーニー] さっき，先ほど　khít [キット]：考える，思う
mí nâa chûa [ミナーチュア] 信じがたい。mí (〜でない) は mây [マイ] 〈否定〉の慣用的表現

127 何故？

ทำไม

A: ผม ไม่ ชอบ กิน อาหาร ฝรั่ง
phǒm mây chɔ̂ɔp kin aahǎan fràŋ

B*: อ้าว ทำไม ล่ะ คะ
âaw thammay lâ khá

A: 僕は西洋料理は好きじゃありません。
B: あら，どうしてなの？

 aahǎan fràŋ [アハーンファラング] 西洋料理

128 いったいどうして？

ทำไมถึง

A*: ทำไม ถึง ชอบ อยู่ เมือง ไทย ล่ะ คะ
thammay thǔŋ chɔ̂ɔp yùu mɯaŋ thay lâ khá

B: อยู่ ที่นี่ สะดวกสบาย อาหารไทย ก็ อร่อย มาก
yùu thîinîi sadùaksabaay aahǎan thay kɔ̂ arɔ̀y mâak

A: どうしてまたタイにいるのが好きなんですか？
B: ここは快適だし，タイ料理もおいしいし。

 sadùaksabaay [サドゥアクサバーイ] 快適，行き届いて快適

129 どんな理由で

มีสาเหตุอะไร

A: มี สาเหตุ อะไร คุณ ถึง ไม่ ตกลง ครับ
mii sǎahèet aray khun thǔŋ mây tòkloŋ khráp

B*: เพราะ ว่า ทำเล ไม่ ดี ค่ะ
phrɔ́ wâa thamlee mây dii khâ

A: どういう理由で決めていただけないのですか？
B: ロケーションがよくないからですよ。

 sǎahèet [サーヘート] 理由，原因　　tòkloŋ [トックロング] 合意する，決心する，同意する
thamlee [タムレー] ロケーション

130
なぜ笑うの？
หัวเราะทำไม

A: เธอ หัวเราะ ทำไม
thəə hǔarɔ́ thammay

B*: คุณ ซะโต พูด ว่า "ไป หา หมู" แทน ที่ จะ พูด ว่า "ไป หา หมอ"
khun Sato phûut wâa "pay hǎa mǔu" thɛɛn thîi ca phûut wâa "pay hǎa mɔ̌ɔ"

A: きみ，なんで笑ってるの？
B: 佐藤さん，「医者に行く」と言う代わりに，「豚に会いに行く」って言ったんです。

 hǔarɔ́ [フアロッ] 笑う　　pay hǎa ~ [パイハー] ～のところへ行く，会いに行く
mǔu [ムー] 豚　　thɛɛn [テーン] ～の代わりに　　mɔ̌ɔ [モー] 医者

 131
何かおかしいことあるの？
มีอะไรน่าขันหรือเปล่า

A: มี อะไร น่าขัน หรือเปล่า
mii aray nâakhǎn rúplàaw

B*: ดู รูป แมว นี่ ซิ คะ
duu rûup mɛɛw nîi sí khá

A: 何かおかしいことあったの？
B: この猫の写真，見てごらんなさいよ。

 nâakhǎn [ナーカン] おかしい，こっけいな

 132
何がおかしいの？
ตลกเรื่องอะไร

A: ทุก คน หัวเราะ กัน ใหญ่ ตลก เรื่อง อะไร นะ
thúk khon hǔarɔ́ kan yày talòk rûaŋ aray ná

B*: เขา ดู รายการ ตลก ค่ะ
kháw duu raaykaan talòk khâ

A: みんな大笑いしてるけど，何がおかしいの？
B: お笑い番組見ているのよ。

hǔarɔ́ kan yày [フアロッガンヤイ]（みんなで）大笑いする　　talòk [タロック] おかしい，こっけいな
raaykaan [ラーイガーン] 番組

□ **133** そうです

🎧 ใช่แล้ว

A: เขา เป็น ดารา ทีวี เหรอ
kháw pen daaraa thiiwii lə̌ə

B*: ใช่ แล้ว มี ชื่อ ด้วย ค่ะ
chây lɛ́ɛw mii chûu dûay khâ

A: あの人はテレビタレントなの？
B: そうなのよ，有名だし。

ポイント daaraa [ダーラー] 星．〔芸能やスポーツなどの〕スター　　mii chûu [ミーチュー] 有名

□ **134** そう思う

🎧 คิดว่ายังงั้น

A: คุณ คิด ว่า เศรษฐกิจ ปี นี้ จะ ซบเซา ไหม
khun khít wâa sèetthakìt pii níi ca sópsaw máy

B*: คิด ว่า ยังงั้น ซิ คะ
khít wâa yaŋŋán sí khá

A: 今年の経済は低迷すると思う？
B: そうだと思うわ。

ポイント sèetthakìt [セータギット] 経済　　sópsaw [ソップサウ] 低迷する，閑古鳥が鳴く
yaŋŋán [ヤンガン] : yàaŋnán「そのような」の口語形

□ **135** そのとおり

🎧 ถูกต้อง

A*: เทคโนโลยี สารสนเทศ หมายถึง IT ถูก ไหม คะ
théknoolooyii sǎarásǒnthêet mǎay thǔŋ IT thùuk máy khá

B: ถูก ต้อง ครับ
thùuk tɔ̂ŋ khráp

A: テクノロジーサーラソンテートって IT という意味でいいですか？
B: そのとおりです。

ポイント sǎarásǒnthêet [サーラソンテート] インフォメーション　　mǎay thǔŋ ~ [マーイトゥング] 〜を意味する　　thùuk tɔ̂ŋ [トゥークトング] 正しい，そのとおり

136 記憶が正しければ
ถ้าจำไม่ผิด

A*: กรุงศรีอยุธยา เสีย กรุง ปี ค.ศ.เท่าไร คะ
kruŋsǐiayútthayaa sǐa kruŋ pii khɔɔrɔ̌ɔ thâwray khá

B: ถ้า จำ ไม่ ผิด ก็ ค.ศ.๑๗๖๗ ครับ
thâa cam mây phìt kɔ̂ khɔɔrɔ̌ɔ 1767 khráp

A: アユタヤが滅んだのは西暦何年ですか？
B: 記憶が正しければ，西暦1767年です。

ポイント kruŋsǐi [グルングシー] アユタヤの接頭語で「栄えある都」の意　sǐa [シア] 滅ぶ　khɔɔrɔ̌ɔ [コーソー]：khrít thasakarâat (คริสตศักราช) の略語で西暦　thâa cam mây phìt [ターチャムマイピット] 間違えて記憶していなければ〈タイ語ではこの言い方のほうが自然〉

137 確信はないが～
ไม่แน่ใจแต่

A*: ยัง ไม่ แน่ใจ แต่ ว่า คุณ ศิรี คง จะ แต่งงาน ปี หน้า
yaŋ mây nɛ̂ɛcay tɛ̀ɛ wâa khun Sirii khoŋ ca tɛ̀ŋŋaan pii nâa

B: อ้อ จริง เหรอ
ɔ̂ɔ ciŋ lɔ̌ɔ

A: まだ確信はないけど，シリーさん，来年結婚するかもよ。
B: え～，ほんとかい。

ポイント nɛ̂ɛcay [ネーチャイ] 確信がある　ciŋ [チン] 本当に，本当の，本物の

138 間違いかもしれない
อาจจะไม่ใช่

A*: คุณ สมชาย เป็น โสด หรือเปล่า คะ
khun Sǒmchaay pen sòot rɯ́plàaw khá

B: มี คน บอก ว่า เขา มี ครอบครัว อยู่ ที่ ต่างจังหวัด แต่ ก็ อาจ จะ ไม่ ใช่
mii khon bɔ̀ɔk wâa kháw mii khrɔ̂ɔpkhrua yùu thîi tàaŋcaŋwàt tɛ̀ɛ kɔ̂ àat ca mây chây

A: ソムチャーイさんは独身ですか？
B: 彼は田舎に家族がいるそうだよ。間違いかもしれないけど。

ポイント pen sòot [ペンソート] 独身　mii khon bɔ̀ɔk wâa ~ [ミーコンボークワー] ～と言う人がいる　àat ca [アートチャ] もしかして

□ 139

存じません
ไม่ทราบ

A: ทราบ ไหม ครับ ว่า คน นั้น ชื่อ อะไร
sâap máy khráp wâa khon nán chɯ̂ɯ aray

B*: ไม่ ทราบ ค่ะ
mây sâap khâ

A: その方のお名前はご存知ですか？
B: 存じません。

ポイント sâap [サーブ]（事実を）知る，知っている。この場合 rúu [ルー] も使えるが，丁寧なのは sâap

□ 140

知らない
ไม่รู้

A: คุณ รู้ ภาษา จีน ด้วย เหรอ ครับ
khun rúu phaasǎa ciin dûay lə̌ khráp

B*: ไม่ รู้ ค่ะ ไม่ เคย เรียน ค่ะ
mây rúu khâ mây khəəy rian khâ

A: 中国語もわかるのですか？
B: わかりません，習ったことありませんし。

ポイント rúu [ルー]（知識を）知る，知っている，持っている
khəəy [クーイ] ～したことがある《経験の助動詞》

□ 141

知らない
ไม่รู้จัก

A: รู้จัก คุณ ยามะโมโต ไหม ครับ
rúucàk khun Yamamoto máy kháp

B*: ไม่ รู้จัก ค่ะ ทำไม คะ
mây rúucàk khâ thammay khá

A: 山本さんを知っていますか？
B: 知りません，どうしてですか？

ポイント rúucàk [ルーヂャック]《人・場所・方法などを知識として》知っている，認識している，見知っている

□ 142 覚えていない
จำไม่ได้

A: นาฬิกาข้อมือ สวย จัง ซื้อ เท่าไร นะ
naalikaakhɔ̌ɔmɯɯ sǔay caŋ sɯ́ɯ thâwray ná

B*: จำ ไม่ ได้ ซื้อ นาน แล้ว นี่
cam mây dây sɯ́ɯ naan lɛ́ɛw nii

> A: 腕時計すごくきれいだね，いくらで買ったの？
> B: 覚えていないわ，ずっと前に買ったんだから。

 cam [ヂャム] 覚える，記憶する sɯ́ɯ [スー] 買う nii [ニー] これは代名詞の nii「これ」ではなくて，語気助詞で「理由を言う」「言い訳をする」といったニュアンスで使う

□ 143 思い出せない
นึกไม่ออก

A: ร้าน ที่ ไป กิน เมื่อ อาทิตย์ ที่ แล้ว ชื่อ อะไร นะ
ráan thîi pay kin mɯ̂a aathít thîi lɛ́ɛw chɯ̂ɯ aray ná

B*: เออ แย่ แล้ว นึก ไม่ ออก
ǝǝ yɛ̂ɛ lɛ́ɛw nɯ́k mây ɔ̀ɔk

> A: 先週，食事に行った店の名前は何だった？
> B: うーん，やだわ。思い出せない。

mɯ̂a aathít thîi lɛ́ɛw [ムアアティッティレーウ] 先週 ǝǝ [ウー]《間投詞》あのー，えー，うーん yɛ̂ɛ [イェー] ひどい，だめな，弱った nɯ́k ɔ̀ɔk [ヌックオーク] 思い出す

□ 144 記憶が薄れる
ความจำเสื่อม

A: แม่ เริ่ม ความจำ เสื่อม บ้าง แล้ว
mɛ̂ɛ rɤ̂ǝm khwaamcam sùam bâaŋ lɛ́ɛw

B*: งั้น เหรอ คะ น่า ห่วง นะ คะ
ŋán lə̀ khá nâa hùaŋ ná khá

> A: 母はいくぶんぼけてきました。
> B: そうなんですか。それは心配ですね。

 rɤ̂ǝm [ルーム] 〜し始める khwaamcam [クワームヂャム] 記憶 sùam [スアム] 衰える，退化する ŋán [ンガン]：อย่างนั้น [yàaŋnán]（そのような）の口語形 nâa hùaŋ [ナーフアング] 心配な

☐ 145 言わない
🎧 ไม่บอก

A: เธอ น่ารัก จัง   อายุ เท่าไร
　　thəə nâarák caŋ   aayú thâwray

B*: ไม่ บอก หรอก
　　mây bɔ̀ɔk rɔ̀ɔk

　A: きみ，とてもかわいいね，何歳？
　B: 言わないわ。

ポイント thəə [トゥー] きみ，彼女　　nâarák [ナーラック] かわいい　　aayú [アーユ] 年齢　　bɔ̀ɔk [ボーク] 言う，伝える　　～rɔ̀ɔk [ローク] 打消しによくつける語気助詞で，「(～ではない) よ，さ」

☐ 146 お答えできません
🎧 ตอบ ไม่ ได้

A*: สำรวจ เรื่อง อะไร คะ
　　sǎmrùat rɯ̂aŋ aray khá

B: ตอนนี้ ตอบ ไม่ ได้ ครับ
　　tɔɔnníi tɔ̀ɔp mây dây khráp

　A: 何の調査をしてられるんですか？
　B: 今はお答えできないのです。

ポイント sǎmrùat [サムルアト] 調査する　　rɯ̂aŋ [ルアング] 話，件，事柄
tɔɔnníi [トーンニー] 現在，今のところ

☐ 147 お答えする立場にありません
🎧 ไม่ได้อยู่ในฐานะที่จะตอบ

A: ช่วย อธิบาย กลยุทธ์ การตลาด หน่อย ได้ ไหม
　　chûay athíbaay konláyút kaantalàat nɔ̀y dây máy

B*: อ๋อ ดิฉัน ไม่ ได้ อยู่ ใน ฐานะ ที่ จะ ตอบ ค่ะ
　　ɔ̌ɔ dichán mây dây yùu nay thǎaná thîi ca tɔ̀ɔp khâ

　A: マーケティング戦略について，ご説明いただけますか？
　B: はあ，わたくしはお答えする立場ではありません。

ポイント athíbaay [アティバーイ] 説明する　　konláyút [ゴンラユット] 戦略　　kaantalàat [ガーンタラート] マーケティング　　thǎaná [ターナ] 立場，地位，身分，資格

51

☐ 148 まだ決めていません
ยังไม่ได้ตัดสินใจ

A*: จะ กลับ เมืองไทย แล้ว เหรอ คะ
ca klàp mɯaŋthay lɛ́ɛw lǝ̌ khá

B: ยัง ไม่ ได้ ตัดสินใจ ครับ อาจจะ อยู่ อีก ปี
yaŋ mây dây tàtsǐncay khráp àatca yùu ìik pii

A: タイへもう帰国されるんですか？
B: まだ決めていません，あと１年いるかもしれません。

ポイント mây dây ＋動詞：～していない《過去の行為を否定する》 tàtsǐncay [タットシンヂャイ] 決心する，決める ìik pii [イークピー] あと１年《数字の「１」は省略されている》

☐ 149 まだ選べない ［決められない］
ยังเลือกไม่ถูก

A: ตกลง จะ ซื้อ ตัว ไหน
tòkloŋ ca sɯ́ɯ tua nǎy

B*: ยัง เลือก ไม่ ถูก ค่ะ
yaŋ lûak mây thùuk khâ

A: どれを買うことにしたんだい？
B: まだ決められないの。

ポイント tòkloŋ [トックロング] 決める，合意する tua [トゥア] 衣類，動物，家具などの類別詞 lûak [ルアック] 選ぶ ～ mây thùuk [マイトゥーク] ～を正しくできない，うまくいかない

☐ 150 まだわかりません
ยังไม่แน่

A: เมื่อไร จะ กลับ มา กรุงเทพฯ อีก ครับ
mûaray ca klàp maa kruŋthêep ìik khráp

B*: ยัง ไม่ แน่ ซิ คะ แล้วแต่ งาน ค่ะ
yaŋ mây nɛ̂ɛ sí khá lɛ́ɛwtɛ̀ɛ ŋaan khâ

A: いつまたバンコクに戻ってこれますか？
B: まだわかりません，仕事次第です。

ポイント klàp maa [グラップマー] 帰ってくる《居住者に対してでなくてもよく使う》 nɛ̂ɛ [ネー] 確実である lɛ́ɛwtɛ̀ɛ [レーウテー] ～次第，～による

บทสนทนาในชีวิตประจำวัน

情報を交換する

□ 151
相談したいことがある
มีเรื่องที่อยากจะปรึกษา

A*: อาจารย์ ขา   มี เรื่อง ที่ อยาก จะ ปรึกษา ค่ะ
aacaan khǎa mii rûaŋ thîi yàak ca prùksǎa khâ

B: ว่า ไง ล่ะ
wâa ŋay lâ

A: 先生，相談したいことがあります。
B: 何かい？

ポイント khǎa [カー] 女性の丁寧な呼びかけ語または応答　mii rûaŋ [ミールアング] 用件がある，話がある　prùksǎa [プルックサー] 相談する　wâa ŋay [ワー・ンガイ]：wâa yàaŋray [ワーヤングライ] の口語形で，直訳では，「どういう話か？」「どう言いたいのか」の意

□ 152
いい知らせがある
มีข่าวดี

A: นิตย์ มี ข่าว ดี นะ อยาก ฟัง ไหม
Nít mii khàaw dii ná yàak faŋ máy

B*: แน่นอน ซิ คะ
nêɛnɔɔn sí khá

A: ニット，いいニュースだよ，聞きたい？
B: もちろんよ。

ポイント khàaw [カーウ] 知らせ，ニュース　faŋ [ファング] 聞く
nêɛnɔɔn [ネーノーン] もちろん，必ず

□ 153
説明することがある
มีเรื่องที่จะชี้แจง

A: เย็น นี้ มี เวลา ไหม   มี เรื่อง ที่ จะ ชี้แจง
yenníi mii weelaa máy mii rûaŋ thîi ca chíiɛɛŋ

B*: ค่ะ   ให้ ไป ที่ ไหน คะ
khâ hây pay thîi nǎy khá

A: 今日の夕方，時間ありますか？　説明することがあります。
B: はい，どちらへ伺いましょうか？

ポイント chíiɛɛŋ [チーヂェーング] 説明する，解説する
hây pay [ハイパイ] 相手を主語にして，自分を行かせるという相手をたてる言い方

154 気を悪くしないで
อย่าเพิ่งน้อยใจ

A*: อย่า เพิ่ง น้อยใจ นะ คะ
yàa phə̂ŋ nɔ́ɔycay ná khá

B: มี อะไร เหรอ ครับ
mii aray lə̌ khráp

A: 気を悪くなさらないでね。
B: 何かあったのですか？

ポイント yàa phə̂ŋ [ヤープング]（すぐに）～しないで，～にならないで
nɔ́ɔycay [ノーイヂャイ] 気を悪くする，傷つく

 155 がっかりさせるのではないかと～
เกรงว่าจะทำให้คุณเสียใจ

A: เกรง ว่า จะ ทำให้ คุณ เสียใจ แต่ว่า ต้อง เล่า ความจริง ให้ ฟัง
kreeŋ wâa ca thamhây khun sǐacay tɛ̀ɛwâa tɔ̂ŋ lâw khwaam ciŋ hây faŋ

B*: อ๋อ เกิด อะไร ขึ้น คะ
ɔ̌ɔ kə̀ət aray khûn khá

A: がっかりさせるのではと気がかりですが，本当のことをお話ししないとなりません。
B: はあ，何が起きたのですか？

ポイント kreeŋ [グレーング] 恐れる，気遣う，心配する，遠慮する　sǐacay [シアヂャイ] 残念に思う，悲しむ　tɔ̂ŋ [トング] ～しなければならない，必要とする，～にちがいない　lâw ~ hây faŋ [ラウハイファング] ～を語って聞かせる　khwaam ciŋ [クワームヂング] 真実

 156 お気に障るかもしれませんが
อาจจะทำให้ลำบากใจ

A: อาจจะ ทำให้ ลำบากใจ แต่ คน ข้างบ้าน บ่น ว่า เสียง ฝึก เปียโน หนวกหู
àat ca thamhây lambàakcay tɛ̀ khon khâŋbâan bòn wâa siaŋ fừk piano nùakhǔu

B*: งั้น เหรอ คะ   ต้อง ขอโทษ ค่ะ
ŋán lə̌ khá   tɔ̂ŋ khɔ̌ɔthôot khâ

A: お気に障るかもしれませんが，隣の人がピアノの音がうるさいと言っています。
B: そうですか，謝らなければ。

ポイント àat ca [アーッチャ] もしかして　lambàakcay [ラムバークヂャイ] 困惑する　khâŋbâan [カングバーン] 隣家　bòn [ボン] 小言を言う　fừk [フク] 練習する　nùakhǔu [ヌアクフー] うるさい

157 実は［本当は］
ที่จริง

A: ที่จริง ผม ไม่ ใช่ พุทธศาสนิกชน แต่ เป็น มุสลิม ครับ
thîiciŋ phǒm mây chây phútthasàatsaníkkachon tɛ̀ɛ pen mútsalim khráp

B*: ถ้า งั้น เป็น คน ใต้ หรือเปล่า คะ
thâa ŋán pen khon tây rúplàaw khá

A: 実はわたしは，仏教徒ではなくてイスラム教徒なんです。
B: それなら南部の方ですか？

ポイント phútthasàatsaníkkachon ［プッタサーサニカチョン］仏教徒　　mútsalim ［ムッサリム］イスラム教徒
thâa ŋán ［ター・ンガン］もしそうなら

158 率直に言って
พูดตรงๆแล้ว

A: พูด ตรงๆ แล้ว โครงการ นี้ ดำเนินการ ลำบาก ซิ ครับ
phûut troŋtroŋ lɛ́ɛw khrooŋkaan níi damnəənkaan lambàak sí khráp

B*: มี สาเหตุ อะไร ถึง คิด อย่างนี้ คะ
mii sǎahèet aray thǔŋ khít yàaŋníi khá

A: 正直言って，このプロジェクトは実施が困難ですよ。
B: どういう理由があって，そのように考えるのですか？

ポイント troŋ ［トゥロング］率直，まっすぐ　　khrooŋkaan ［クロングガーン］プロジェクト
damnəənkaan ［ダムヌーンガーン］実施する，実行する　　sǎahèet ［サーヘート］理由，原因

159 本当は
ความจริง

A: ความจริง กิจการ นี้ น่าจะ มี กำไร มาก กว่า นี้
khwaamciŋ kìtcakaan níi nâa ca mii kamray mâak kwàa níi

B*: จริง ด้วย ค่ะ
ciŋ dûay khâ

A: 本当は，この事業はもっと収益が出ていてもいいはずなんだが。
B: 本当ですね。

ポイント kìtcakaan ［ギッチャガーン］事業，業務　　nâa ca ~ ［ナーヂャ～］（当然）～であるべき，～なはず
kamray ［ガムライ］利益，収益

☐ **160** 誰にも言わないで
อย่าบอกใคร

A: สงสัย ว่า สมชัย สอบ ตก   อย่า บอก ใคร นะ
sǒŋsǎy wâa Sǒmchay sɔ̀ɔp tòk   yàa bɔ̀ɔk khray ná

B*: เอ๊ะ มิ น่าเชื่อ
ée mí nâa chûua

A: ソムチャイが試験に落ちたようだ，誰にも言うなよ。
B: え～，信じられない。

ポイント sǒŋsǎy wâa ~ [ソングサイ・ワー] ～の疑いがある，かもしれない   sɔ̀ɔp tòk [ソープトック] 試験に落ちる   mí [ミ] ～ない《mây [マイ] よりやや文語的。ここでは慣用句》   nâa chûua [ナーチュア] 信ずるに足る，信用できる

☐ **161** 内緒だよ
เป็นความลับ

A: ยัง เป็น ความลับ แต่ ผู้จัดการ จะ ลาออก ใน เร็วๆนี้
yaŋ pen khwaamláp tɛ̀ɛ phûucàtkaan ca laaɔ̀ɔk nay rewrew níi

B*: อ้าว ทำไม ล่ะ คะ
âaw thammay lâ khá

A: まだ内緒だけど，マネージャーが近いうちに辞めるんだ。
B: まあ，どうしてですか。

ポイント khwaamláp [クワームラップ] 秘密   laaɔ̀ɔk [ラーオーク] 退社する，退職する
nay rewrew níi [ナイレウレウニー] 近いうち，近日中

☐ **162** まだ他の人には言わないでください
กรุณาอย่าเพิ่งบอกคนอื่น

A*: หมอ ว่า อาจจะ เป็น มะเร็ง ที่ ปอด กรุณา อย่า เพิ่ง บอก คนอื่น นะ คะ
mɔ̌ɔ wâa àat ca pen máreŋ thîi pɔ̀ɔt karúnaa yàa phə̂ŋ bɔ̀ɔk khon ùun ná khá

B: ครับ หวัง ว่า ไม่ เป็น อะไร มาก นะ ครับ
khráp wǎŋ wâa mây pen aray mâak ná khráp

A: 医者が肺癌かもしれないと言っています，まだ他の人には言わないでくださいね。
B: はい，何でもないように願ってますよ。

ポイント máreŋ [マレング] 癌   pɔ̀ɔt [ポート] 肺   karúnaa ~ [ガルナー] 丁寧な依頼文での「～してください」   yàa phə̂ŋ ~ [ヤープング～] すぐに～しないように   wǎŋ wâa ~ [ワングワー～] ～であるように希望する

□ 163　わかります
🎧 รู้เรื่อง

A: ที่ เขา พูด ฟัง รู้เรื่อง ไหม
　thîi kháw phûut faŋ rúurûaŋ máy

B*: รู้เรื่อง ค่ะ　ให้ ไป ที่ กองตรวจคนเข้าเมือง ใช่ ไหม
　rúurûaŋ khâ　hây pay thîi kɔɔŋtrùatkhonkhâwmɯaŋ chây máy

A: あの人の言ったことわかった？
B: わかりました。入国管理局へ行きなさい，でしょう？

ポイント

rúurûaŋ [ルールアング] 意味がとれる，わかる　　hây pay [ハイパイ] 行かせる，行きなさい
kɔɔŋtrùatkhonkhâwmɯaŋ [ゴーングトゥルアトコンカウムアング] 入国管理局　　chây máy [チャイマイ]
ですね?，そうでしょう?，でしょう?

□ 164　わかりました
🎧 ทราบแล้ว

A*: เย็นนี้ มี แขก　ช่วย ไป ซื้อ เบียร์ ด้วย
　yennii mii khὲɛk　chûay pay sɯ́ɯ bia dûay

B: ทราบ แล้ว ครับ
　sâap lέɛw khráp

A: 夕方お客さまがみえます。ビールを買ってきてください。
B: わかりました。

ポイント

khὲɛk [ケーク] 客　　sâap lέɛw [サープレーウ] 了解した

□ 165　わかります ［理解する］
🎧 เข้าใจ

A*: อธิบาย แค่นี้ เข้าใจ หรือเปล่า คะ
　athíbaay khêe níi khâwcay rúplàaw khá

B: เข้าใจ ครับ　แต่ มี ข้อสงสัย ครับ
　khâwcay khráp　tὲɛ mii khɔ̂ɔsǒŋsǎy khráp

A: このくらいの説明でご理解いただけますか？
B: わかります。でも，質問があります。

ポイント

athíbaay [アティバーイ] 説明する　　khêe níi [ケーニー] この程度
khɔ̂ɔsǒŋsǎy [コーソングサイ] 質問，不明な点

☐ **166** 🎧
よく聞こえない
ไม่ค่อยได้ยิน

A*: ไม่ค่อย ได้ยิน ค่ะ   พูด ดังๆ หน่อย ได้ ไหม คะ
mây khôy dâyyin khâ   phûut daŋdaŋ nòy dây máy khá

B: โอเค ครับ   เดี๋ยว พูด ใหม่ นะ ครับ
ookhee khráp   diǎaw phûut mày ná khráp

A: よく聞こえません，もう少し大きい声で話していただけますか？
B: いいですよ，ではもう一度言いますね。

ポイント mây khôy ~ [マイコイ] ほとんど～ない   dâyyin [ダイイン] 聞こえる   daŋ [ダング] 大きい音，大声で

☐ **167** 🎧
説明を繰り返していただけますか？
อธิบายซ้ำได้หรือเปล่า

A: ยัง ไม่ ชัดเจน เลย   อธิบาย ซ้ำ ได้ หรือเปล่า ครับ
yaŋ mây chátceen ləəy   athíbaay sám dây rúplàaw khráp

B*: ได้ ค่ะ   งั้น พูด อังกฤษ ดี กว่า ไหม
dâay khâ   ŋán phûut aŋkrìt dii kwàa máy

A: まだはっきりしません，説明を繰り返していただけますか？
B: いいですよ。では英語で話したほうがいいですか？

ポイント mây ~ ləəy [マイ～ルーイ] まったく～ない   chátceen [チャットジェーン] 明らか，明解，確か
sám [サム] 繰り返す   ŋán [ンガン] じゃあ，なら，では

☐ **168** 🎧
ついていけません
ฟังไม่ทัน

A*: ฟัง ไม่ ทัน ค่ะ   พูด ช้าๆ หน่อย ได้ ไหม คะ
faŋ mây than khâ   phûut chachaá nòy dây máy khá

B: ใครๆ ก็ บอก ว่า ผม พูด เร็ว นะ   โทษ ที
khraykhray kô bòok wâa phòm phûut rew ná   thôotthii

A: ついていけません，もう少しゆっくりはなしていただけますか？
B: 話すのが速い，って誰からも言われるんですよ，失礼。

ポイント faŋ [ファング] 聞く   mây than [マイタン] 間に合わない   khraykhray [クライクライ] 誰もかれも
rew [レウ] 速い   thôotthii [トートティー] ごめん《友人同士での謝る言葉》

59

169 何を言いたいのかわからない
ไม่รู้เรื่องว่าอยากจะพูดอะไร

A: อย่า ร้องไห้ ซิ จ๊ะ ไม่ รู้เรื่อง ว่า อยาก จะ พูด อะไร
yàa rɔ́ɔŋhây sí cá mây rúurɨaŋ wâa yàak ca phûut aray

B*: พ่อ ขา พี่ นก กิน ขนม หนู ไป แล้ว
phɔ̂ɔ khǎa phîi Nók kin khanǒm nǔu pay lɛ́ɛw

A: 泣くんじゃないよ，何が言いたいのかわからないだろ。
B: お父さん，ノック姉さんがわたしのお菓子食べちゃったの。

rɔ́ɔŋhây [ローングハイ] 泣く　cá [チャ] 子どもや歳下の相手に使う文末語《khráp, khâ, khá に代わる》　khanǒm [カノム] 菓子　nǔu [ヌー] 子どもが使う一人称，また，子どもに対する二人称

170 全然理解できない
ไม่เข้าใจเลย

A: นโยบาย การบริหาร ใหม่ ที่ กรรมการผู้จัดการ ประกาศ ผม ไม่ เข้าใจ เลย
náyoobaay kaanbɔrihǎan mày thîi kammakaanphûucàtkaan prakàat, phǒm mây khâwcay ləəy

B*: เหมือนกัน ค่ะ
mǔankan khâ

A: 社長の発表した新経営政策，全然理解できない。
B: わたしもだわ。

náyoobaay [ナヨーバーイ] 政策　kaanbɔrihǎan [ガーンボリハーン]《thúrákit の略》経営
kammakaanphûucàtkaan [ガムマガーンプーチャットガーン] 代表取締役
prakàat [プラガート] 発表する　mǔankan [ムアンガン] 〜も，同様に，同じ

171 頭が働かない
สมองไม่ทำงาน

A: ขอโทษ ไม่ ค่อย เข้าใจ สมอง ไม่ ทำงาน มั้ง
khɔ̌ɔthôot mây khɔ̂y khâwcay samɔ̌ɔŋ mây thamŋaan máŋ

B*: เมื่อ คืน นอน ไม่ หลับ เหรอ คะ เอา ใหม่ ก็แล้วกัน
mɨ̂akhɨɨn nɔɔn mây làp lə̀ khá aw mày kɔ̂ lɛ́ɛwkan

A: すみません，よくわかりません。頭が働かないみたいだ。
B: ゆうべ眠れなかったんですか？ やり直しましょう。

samɔ̌ɔŋ [サモーング] 脳，頭脳　máŋ [マング] かもしれない《kramaŋ の略》
làp [ラップ] 眠る　aw mày [アウマイ] 再度やる，またやる
kɔ̂ lɛ́ɛwkan [ゴレウガン] 〜にしよう，〜でもいい

□ 172
どういう意味？
แปลว่าอะไร

A: ปิ่นโต แปล ว่า อะไร
    pìntoo plɛɛ wâa aray

B*: แปล ว่า กล่อง ใส่ อาหาร คือ food carrier ค่ะ
    plɛɛ wâa klɔ̀ŋ sày aahǎan khɯɯ food carrier khâ

- -

    A:「ピントー」って，どういう意味？
    B: 食べ物入れる箱，っていう意味，つまり，food carrier です。

ポイント pìntoo [ピントー] 弁当箱　　plɛɛ [プレー] 意味する　　klɔ̀ŋ [グローング] 箱　　khɯɯ [クー] すなわち

□ 173
どのような意味ですか？
มีความหมายว่ายังไง

A*: เศรษฐกิจ พอเพียง มี ความหมาย ว่า ยังไง คะ
    sèetthakìt phɔɔphiaŋ mii khwaammǎay wâa yaŋŋay khá

B: หมายความว่า เศรษฐกิจ ที่ สามารถ พึ่ง ตัวเอง ได้
    mǎay khwaamwâa sèetthakìt thîi sǎamâat phûŋ tua·eeŋ dây

- -

    A: セータギットポーピアング，ってどのような意味ですか？
    B: 自立していける経済という意味です。

ポイント sèetthakìt phɔɔphiaŋ [セータギットポーピアング] 足るを知る経済　　khwaammǎay [クワームマーイ] 意味　　mǎay khwaamwâa ~ [マーイクワームワー] ～という意味である　　phûŋ [プング] 頼る　　tua·eeŋ [トゥアエーング] 自分，自分自身

□ 174
何を意味している？
หมายถึงอะไร

A: ได้ ข่าว ว่า ปี นี้ ไม่ มี โบนัส นะ
    dây khàaw wâa pii níi mây mii boonát ná

B*: เอ๊ หมายถึง อะไร คะ ขาด ทุน ขนาด นี้ เหรอ คะ
    ée mǎay thʉ̌ŋ aray khá khàat thun khanàat níi lə̌ khá

- -

    A: 今年はボーナスないそうだよ。
    B: えー，どういう意味なの？　そこまで赤字なの？

ポイント dây khàaw wâa ~ [ダイカーウワー] ～だそうだ《伝聞》　　khàat thun [カートトゥン] 赤字，損する　　khanàat níi [カナートニー]《程度》これほど，それほど

□ 175　誰に聞いたの？
ถามใคร

A*: ทำไม ถึง รู้ แล้ว　ถาม ใคร นะ
　　thammay thǔŋ rúu léew　thǎam khray ná

B: พี่ มะลิ บอก นี่
　　phîi Malí bɔ̀ɔk nii

A: どうしてまた知ってるの？　誰に聞いたの？
B: マリ姉さんが言ったんだから。

thammay thǔŋ [タムマイトゥング] どうしてまた，いったい何故　　nîi [ニー] 口実や理由を言うトーンの語気助詞

□ 176　どうしてわかったの？
รู้ได้ไง

A: รู้ ได้ ไง ว่า ผม สอบ ได้
　　rúu dây ŋay wâa phǒm sɔ̀ɔp dây

B*: ดู ท่าทาง ก็ รู้ ซิ คะ
　　duu thâathaaŋ kɔ̂ rúu sí khá

A: 僕が試験に受かったって，どうしてわかったの？
B: 態度を見ればわかるでしょ。

rúu [ルー] 知る，わかる，知っている　　ŋay [ンガイ]：yàaŋray =「どのように」の口語形
sɔ̀ɔp dây [ソープダイ] 試験に受かる　　thâathaaŋ [ターターング] 態度，様子

□ 177　もう知ってるの？
รู้แล้วเหรอ

A*: จะ แต่งงาน แล้ว ใช่ ไหม คะ
　　ca tɛ̀ŋŋaan léew chây máy khá

B: ไอ้ย่า รู้ แล้ว เหรอ　ใคร บอก ก็ ไม่ รู้
　　ây-yâa rúu léew lǎ̌ə　khray bɔ̀ɔk kɔ̂ mây rúu

A: 結婚されるんですよね？
B: あれ〜，もう知ってるの？　誰が言ったか知らないけど。

ây-yâa [アイヤー]《華人がよく使う感嘆詞》あれまあ，おやまあ　　lǎ̌ə [ルー] 〜なのですか

62

□ 178 例を挙げていただけますか？
ยกตัวอย่างได้ไหม

A*: อาหาร ไทย ต้อง ใช้ เครื่องเทศ หลาย อย่าง ค่ะ
aahăan thay tɔ̂ŋ cháy khrûaŋthêet lăay yàaŋ khâ

B: มี อะไร บ้าง ยก ตัวอย่าง ได้ ไหม ครับ
mii aray bâaŋ yók tuayàaŋ dây máy khráp

A: タイ料理はたくさんのスパイスを使う必要があります。
B: どんなものですか？ 例を挙げていただけますか？

 khrûaŋthêet [クルアングテート] スパイス　　tuayàaŋ [トゥアヤーング] 例．見本

□ 179 詳細を教えてください
ช่วยอธิบายรายละเอียดหน่อย

A: หัวหน้าแผนก บอก ว่า ต้อง พิจารณา วิธี การผลิต ใหม่
hŭanâa phanèek bɔ̀ɔk wâa tɔ̂ŋ phítcaaranaa wíthii kaanphalìt màay

B*: งั้น เหรอ คะ ช่วย อธิบาย รายละเอียด หน่อย ค่ะ
ŋán là khá chûay athíbaay raayláiat nɔ̀y khâ

A: 課長が新しい生産方法を検討せばと言ってたよ。
B: そうなんですか，詳しく教えてください。

ポイント hŭanâa [フアナー] チーフ　　phanèek [パネーク] 課，セクション　　wíthii [ウィティー] 方法
kaanphalìt [ガーンパリット] 生産，製造　　raayláiat [ラーイライアット] 詳細

□ 180 はっきりわかるように説明してください
กรุณาชี้แจงอย่างชัดเจนด้วย

A: รายงาน นี้ ต้อง เขียน ใหม่ หลาย จุด
raayŋaan níi tɔ̂ŋ khĭan màay lăay cùt

B*: ตรง ไหน คะ กรุณา ชี้แจง อย่าง ชัดเจน ด้วย ค่ะ
troŋ năy khá karúnaa chíicɛɛŋ yàaŋ chátceen dûay khâ

A: このレポートは何か所も書き直さないといけない。
B: どこですか？ はっきりわかるように説明してください。

ポイント raayŋaan [ラーイ・ンガーン] 報告，レポート　　troŋ năy [トゥロングナイ] どの箇所
chíicɛɛŋ [チーヂェーング] 説明する　　chátceen [チャットヂェーン] はっきりと，明確に

III 情報を交換する

63

□ 181 信じられない
ไม่[มิ]น่าเชื่อ

A: ได้ ข่าว ว่า สมหวัง ถูก ล็อตเตอรี่
dây khàaw wâa Sŏmwăŋ thùuk lɔ́ttəərîi

B*: อ้าว จริง เหรอ มิน่าเชื่อ
âaw ciŋ lɔ̌ə mí nâa chûa

- -

A: ソムワンが宝くじに当たったそうだよ。
B: あら，ほんとう？　信じられない！

ポイント dây khàaw wâa ~ [ダイカーウワー] ～だそうだ〈伝聞〉
thùuk lɔ́ttəərîi [トゥークロッタリー] 宝くじに当たる　　chûa [チュア] 信じる

□ 182 冗談ですよね
พูดเล่นใช่ไหม

A: ผม ไม่ สนใจ ผู้หญิง เลย นะ ครับ
phŏm mây sŏncay phûuyĭŋ ləəy ná khráp

B*: โอ้โฮ พูด เล่น ใช่ ไหม คะ
ôohoo phûut lên chây máy khá

- -

A: わたしは女性に全然興味ないんです。
B: おやまあ，冗談でしょう？

ポイント sŏncay [ソンヂャイ] 関心をもつ，興味を持つ　　phûut lên [プートレン] 冗談を言う

□ 183 ありえない
เป็นไปไม่ได้

A: ผู้จัดการ สั่ง ให้ ส่ง รายงาน ภายใน พรุ่งนี้ นะ
phûucàtkaan sàŋ hây sòŋ raayŋaan phaaynay phrûŋníi ná

B*: เอ๊ เป็น ไป ไม่ ได้ ค่ะ
ée pen pay mây dâay khâ

- -

A: マネージャーが明日中に報告を出せって言ってるよ。
B: え～，無理よー。

 ポイント phûucàtkaan [プーチャットガーン] マネージャー　　sàŋ [サング] 命令する，指示する　　sòŋ [ソング] 送る，出す　　pen pay mây dâay [ペンパイマイダーイ] ありえない，信じられない；不可能，無理　　* dây [ダイ] は感情を込めるときは [dâay] と音をのばして発音する

□ 184

わ〜，ビックリした
อ้าวตกใจ

A*: อ้าว ตกใจ นึก ว่า ใคร
âaw tòkcay núk wâa khray

B: โธ่ ไม่ ใช่ ผี หรอก
thôo mây chây phǐi rɔ̀ɔk

> A: わ〜，ビックリした，誰かと思った。
> B: おいおい，幽霊じゃないよ。

> **ポイント** tòkcay [トックチャイ] 驚く，ビックリする núk [ヌック] 思い出す，思いつく
> thôo [トー]《感嘆詞》この場合は「なんたることだ」のニュアンス phǐi [ピー] お化け，幽霊
> rɔ̀ɔk [ローク] 否定に付く語気助詞

□ 185

あら，まあ！
ต๊ายตาย

A*: ต๊ายตาย ลืม ใส่ กุญแจ ห้อง
táaytaay lɯɯm sày kuncɛɛ hɔ̂ŋ

B: อ้าว งั้น ต้อง รีบ กลับ ซิ
âaw ŋán tɔ̂ŋ rîip klàp sí

> A: あら，まあ〜，部屋に鍵をかけるの忘れたわ。
> B: なに，じゃあ，急いで帰れよ。

> **ポイント** táaytaay [ターイターイ]《感嘆詞》驚いたときに使う《主に女性》 taay [ターイ] 死ぬ
> sày kuncɛɛ [サイ グンチェー] 鍵をかける

□ 186

心臓が止まりそう
ใจหาย

A*: เพื่อน ถูก ตำรวจ จับ นะ ได้ยิน แล้ว ใจ หาย
phɯ̂an thùuk tamrùat càp ná dâyyin lɛ́ɛw cay hǎay

B: ใจเย็นๆ ยัง ไม่ แน่ อาจจะ เป็น ข่าวลือ ก็ ได้
cay yenyen yaŋ mây nɛ̂ɛ àat ca pen khàawlɯɯ kɔ̂ dây

> A: 友だちが警察に逮捕されたの，心臓がどうにかなりそう。
> B: 落ち着きなさい。まだ確かじゃないし，噂ってこともあるから。

> **ポイント** thùuk 〜 càp [トゥーク 〜 チャップ] 〜に逮捕される cay hǎay [チャイハーイ] 気が失せる，心に
> ぽっかりと穴が空いたような《直訳は「心が消えてなくなる」》 nɛ̂ɛ [ネー] 確かな，決定
> 的な cay yenyen [チャイイエンイエン] 落ち着いて，冷静に khàawlɯɯ [カーウルー] 噂

□ 187
🎧

本気で信じる
เชื่ออย่างจริงจัง

A: เขา ชอบ เชื่อ คำ หมอดู นะ
kháw chɔ̂ɔp chûa kham mɔ̌ɔduu ná

B*: เชื่อ อย่างจริงจัง เหรอ คะ
chûa yàaŋciŋcaŋ lə̀ khá

- -

A: あの人，よく占いを信じてるよ。
B: 本気で信じてるの？

ポイント chɔ̂ɔp ~ [チョープ] よく［しばしば］〜する；好む；好きな　chûa [チュア] 信じる，信用する
kham [カム] 言葉　mɔ̌ɔduu [モードゥー] 占い（師）　yàaŋciŋcaŋ [ヤーングヂングヂャング] 本気
で　lə̀ə/lə̀ [ル] 〜ですか《口語》，〜なの？

□ 188
🎧

本気なの？
เอาจริงเหรอ

A: คิด จะ ไป เป็น หมอ ที่ ชนบท ไทย ครับ
khít ca pay pen mɔ̌ɔ thîi chonnabòt thay khráp

B*: เอาจริง เหรอ คะ
awciŋ lə̀ khá

- -

A: タイの田舎で医師になるつもりです。
B: 本気なんですか？

ポイント mɔ̌ɔ [モー] 医者　chonnabòt [チョンナボット] 田舎　awciŋ [アウヂング] まじめに，本気で

□ 189
🎧

からかわないで
อย่าล้อเล่น

A: เธอ สวย เหมือน นางสาว ไทย เลย นะ ครับ
thəə sǔay mǔan naaŋsǎaw thay ləəy ná kháp

B*: โอ้โฮ อย่า ล้อเล่น ซี่
ôohoo yàa lɔ́ɔlên sii

- -

A: きみはミス・タイランドみたいにきれいだね。
B: まあ，からかわないでよね。

ポイント thəə [トゥー] きみ，彼女　mǔan [ムアン] 同様に，まるで〜かのように
naaŋsǎaw thay [ナーング・サーウタイ] ミス・タイランド
kháp [カップ] クラップの簡略な言い方　lɔ́ɔlên [ローレン] からかう，冗談を言う

190 それはよかった
ดีจังเลย

A*: ได้ รถ คัน ใหม่ แล้ว นะ คะ
dâay rót khan mày lɛ́ɛw ná khá

B: ดี จังเลย ซื้อ เท่าไร
dii caŋləəy súu thâwray

A: 新しい車，買ったのよ。
B: それはよかった，いくらで買ったの？

dâay [ダイ] 手に入れる，入手する　　khan [カン] 車の類別詞　　caŋləəy [ヂャングルーイ] すごく

191 わたしもうれしい／おめでとう
ยินดีด้วย

A*: ลูกสาว สอบ เข้า มหาวิทยาลัย ได้ ค่ะ
lûuksǎaw sɔ̀ɔp khâw mahǎawítthayaalay dâay khâ

B: งั้น เหรอ ครับ ยินดีด้วย
ŋán lə̀ khráp yindii dûay

A: 娘が大学に受かりました。
B: そうなんですか，おめでとう。

sɔ̀ɔp [ソープ] 試験する，試験を受ける　　sɔ̀ɔp ~ dâay [ソープ～ダイ] 試験に合格する
yindii dûay [インディードゥアイ] （わたし）もうれしい

192 ほっとした
โล่งใจ

A: ดู จาก ภาพ เอ็กซเรย์ กระดูก ไม่ มี รอยแตก นะ
duu càak phâap eksaree kradùuk mây mii rɔɔytɛ̀ɛk ná

B*: อ้อ โล่งใจ เลย ค่ะ
ɔ̂ɔ lôoŋcay ləəy khâ

A: レントゲンで見ると，骨にひびは入ってないね。
B: まあ，とてもほっとしました。

eksaree [エクサレー] レントゲン（X-ray）　　kradùuk [グラドゥーク] 骨
rɔɔytɛ̀ɛk [ローイテーク] ひび　　lôoŋcay [ロングヂャイ] ほっとする

193 すごいね
เก่งจังเลย

A: แม่ ครับ ผม ได้ คะแนน เต็ม สอบ วิชา คณิตศาสตร์
mɛ̂ɛ khráp phǒm dây khanɛɛn tem sɔ̀ɔp wíchaa khanítsàat

B*: โอ๊ย เก่ง จังเลย ขยัน เรียน มา นาน แล้ว นี่
óoy kèŋ caŋ ləəy khayǎn rian maa naan lɛ́ɛw nîi

A: お母さん，ぼく数学の試験で満点とったよ。
B: まあ，すごいね，ずっとよく勉強してたからね。

 khanɛɛn [カネーン] 点数 sɔ̀ɔp [ソープ] 試験 wíchaa [ウィチャー] 学科，科目
khanítsàat [カニットサート] 数学 kèŋ [ゲング] すばらしく，見事に，立派に：うまい，できる
khayǎn [カヤン] 勤勉に nîi [ニー] 理由や言い訳をするトーンの語気助詞

 194 すばらしい！
ยอดเยี่ยม

A: ผม ได้ ทุน ไป เรียน ต่อ ที่ อเมริกา ครับ
phǒm dây thun pay rian tɔ̀ɔ thîi amerikaa khráp

B*: ยอดเยี่ยม ค่ะ จะ เข้า บัณฑิตวิทยาลัย ใช่ ไหม คะ
yɔ̂ɔtyîam khâ ca khâw bandìtwítthayaalay châychây máy khá

A: アメリカで進学する奨学金をもらいました。
B: すばらしい！ 大学院に入るんですね。

 thun [トゥン] 資本金，ここでは rian（学ぶ）があるので奨学金
rian tɔ̀ɔ [リアントー] 進学する yɔ̂ɔtyîam [ヨートイアム] 最高，すばらしい
bandìtwítthayaalay [バンディットウィタヤライ] 大学院

 195 称賛に値します
น่าชมเชย

A: ภาพวาด ของ เขา ได้ รับ รางวัล ชนะเลิศ ใน การประกวด ภาพวาด ญี่ปุ่น
phâapwâat khɔ̌ɔŋ kháw dây ráp raaŋwan chanálə̂ət nay kaan prakùat phâapwâat yîipùn

B*: แหม น่าชมเชย มาก เลย
mɛ̌ɛ nâachomchəəy mâak ləəy

A: 彼の絵は日本画の品評会でトップ賞をもらったんだ。
B: まあ，なんてすばらしい。

phâapwâat [パープワート] 絵画 raaŋwan [ラーングワン] 賞 chanálə̂ət [チャナルート] 最高の
kaan prakùat [ガーンプラグアト] コンテスト，コンクール mɛ̌ɛ [メー]《感嘆詞》まあ《喜んだ
とき，あきれたとき》 nâachomchəəy [ナーチョムチューイ] ほめるべき，称賛すべき

□ 196 色がよく合う
🎧 สีเข้ากันดี

A: เสื้อ ตัว นี้ กับ กระโปรง สี เข้ากัน ดี นะ
sûa tua níi kàp kràprooŋ sǐi khâw kan dii ná

B*: เหรอ คะ　ขอบคุณ ค่ะ
lə̌ khá　khɔ̀ɔpkhun khâ

A: このブラウスとスカート，色がよく合ってるね。
B: そう？　ありがとう。

ポイント tua [トゥア]《類別詞；衣服，動物，椅子，机など》　　kàp [カップ] 〜と
kràprooŋ [グラップローング] スカート　　khâw kan [カウガン] 〜が合う

□ 197 ずっときれいになった
🎧 สวยขึ้นเยอะ

A: ทรงผม แบบ นี้ สวย ขึ้น เยอะ เลย
soŋ phǒm bὲɛp níi sǔay khûn yá ləəy

B*: ขอบคุณ ค่ะ　เพิ่ง ไป ทำ ผม มา
khɔ̀ɔp khun khâ　phə̂ŋ pay tham phǒm maa

A: このヘアスタイルでずっときれいになったな。
B: ありがとう，ヘアメイクに行って来たばかりよ。

ポイント soŋ phǒm [ソングポム] 髪型，ヘアスタイル　　sǔay khûn [スアイクン] よりきれいになる
phə̂ŋ [プン]（ちょうど）〜したところ　　tham phǒm [タムポム] 髪を結う，ヘアメイク

□ 198 すごくかっこいい
🎧 แต่งตัวเท่จังเลย

A*: วันนี้ แต่งตัว เท่ จังเลย　จะ ไป ไหน
wanníi tὲŋtua thêe caŋ ləəy　ca pay nǎy

B: มา รับ มิวะ ไง　ไป กิน ข้าว กัน ไหม
maa ráp Miwa ŋay　pay kin khâaw kan máy

A: 今日はすごくかっこいい格好をして，どちらへおでかけ？
B: 美和を迎えにきたのさ，食事に行かない？

ポイント tὲŋtua [テングトゥア] 衣服を着る　　thêe [テー] かっこいい，すてき

□ 199
おもしろそう
น่าสนใจ

A: ดู หนัง การ์ตูน หะยาโอ มิยะซากิ เรื่อง ใหม่ หรือ ยัง
duu năŋ kaatuun Hayao Miyazaki rûaŋ mày rú yaŋ

B*: เรื่อง น่าสนใจ แต่ ยัง ไม่ มี เวลา ไป ดู
rûaŋ nâa sŏncay tὲɛ yaŋ mây mii weelaa pay duu

A: 宮崎駿の新しい作品はもう観た？
B: おもしろそうだけど，まだ観に行く暇がないの。

> **ポイント** năŋ kaatuun [ナングカートゥーン] アニメ映画　rûaŋ [ルアング] 映画，ドラマ，小説等の類別詞
> nâa sŏncay [ナーソンヂャイ] おもしろそう，興味を引く

□ 200
今おもしろいところなんだ
กำลังสนุก

A*: ช่วย ไป ซื้อ นมเปรี้ยว หน่อย ซิ
chûay pay súu nompríaw nɔ̀y sí

B: การ์ตูน กำลัง สนุก นะ　คอย เดี๋ยว ครับ แม่
kaatuun kamlaŋ sanùk ná　khɔɔy dǐaw kháp mɛ̂ɛ

A: ヨーグルト，買ってきてちょうだい。
B: アニメが今おもしろいところなんだよ，ちょっと待ってよ，お母さん。

> **ポイント** nompríaw [ノムプリアウ] ヨーグルト　kamlaŋ ~ [ガムラング] 〜な状態にある
> sanùk [サヌック] おもしろい，楽しい　khɔɔy [コーイ] 待つ

□ 201
すごくおもしろい [おかしい]
ตลกมาก

A: เคย ดู รายการ ตลก ราคุโก ไหม
khəəy duu raaykaan talòk rakugo máy

B*: เคย ดู รู้เรื่อง ไม่ หมด แต่ ตลก มาก นะ
khəəy duu rúurûaŋ mây mòt tὲɛ talòk mâak ná

A: 落語っていう，お笑い番組見たことある？
B: 見たことがあります。全部わかるわけじゃないけど，すごくおもしろいです。

> **ポイント** khəəy [クーイ] したことがある　raaykaan talòk [ラーイガーン・タロック] お笑い番組
> mòt [モット] すべて，全面的に　tὲɛ [テー] 〜だけど　talòk [タロック] おかしい，滑稽な

□ 202 がんばれ！
สู้ตาย

A: พรุ่งนี้ จะ แข่ง ฟุตบอล กับ ทีม บริษัท อื่น
phrûŋníi ca khèŋ fútbɔɔn kàp thiim bɔrisàt ùɯn

B*: สู้ตาย นะ   จะ ไป เชียร์ ให้ ที่ สนามฟุตบอล
sûutaay ná ca pay chia hây thii sanǎamfútbɔɔn

A: 明日は別の会社のチームとサッカーの試合があるんだ。
B: がんばってね！　サッカー場に応援に行ってあげるわ。

ポイント ca [ヂャ] 未来・意志を表す　　khèŋ [ケング] 試合［対戦／競争］する　　fútbɔɔn [フットボーン]
サッカー　　sûutaay [スーターイ] がんばる　　ná [ナ] ～ね！、～よ　　chia [チア] 応援する〈cheer〉
動詞＋hây [ハイ] ～をしてあげる　　sanǎamfútbɔɔn [サナームフットボーン] サッカー場

□ 203 元気づける
ให้กำลังใจ

A: เพลง นักร้อง คน นี้ ให้ กำลังใจ ผม มาก จริงๆ
phleeŋ nákrɔ́ɔŋ khon níi hây kamlaŋcay phǒm mâak ciŋciŋ

B*: ใช่ แล้ว   ลึกซึ้ง ด้วย
chây lɛ́ɛw lúksúŋ dûay

A: この歌手の歌は，ほんとうに元気が出るよ。
B: そうね，それにしんみりもするし。

ポイント phleeŋ [プレーング] 歌　　nákrɔ́ɔŋ [ナックローング] 歌手
hây kamlaŋcay [ハイ ガムラングチャイ] 元気づける　　lúksúŋ [ルックスング] 深遠な，感動的な

□ 204 くじけないで
อย่าท้อแท้

A: จะ ไป แล้ว นะ ครับ
ca pay lɛ́ɛw ná kháp

B*: ไป แล้ว เหรอ   มี อะไร ก็ อย่า ท้อแท้ สู้ กับ มัน ซิ
pay lɛ́ɛw lǎɔ mii aray kɔ̂ yàa thɔ́ɔthéɛ sûu kàp man sí

A: もう行きます。
B: もう行くの？　何があってもくじけないで，挑戦しなさいよ。

ポイント thɔ́ɔthéɛ [トーテー] くじける，意気消沈する，落胆する　　sûu [スー] 闘う，頑張る
kàp [ガップ] ～と　　man [マン] それ

□ 205
ベストを尽くす
พยายามทำให้ดีที่สุด

A: พยายาม ทำ ให้ ดี ที่สุด นะ ผล ก็ จะ ตาม มา
phayayaam tham hây dii thîisùt ná phǒn kô ca taam maa

B*: ค่ะ จะ พยายาม ค่ะ
khâ ca phayayaam khâ

A: ベストを尽くしなさい。結果は後からついてくるから。
B: はい，がんばります。

> phayayaam [パヤヤーム] 努力する，努める dii thîisùt [ディーティスット] ベスト
> phǒn [ポン] 結果 taam maa [タームマー] 後からついてくる

□ 206
全身全霊を注ぐ
ทุ่มเทแรงกายแรงสมอง

A: ทุ่มเท แรงกายแรงสมอง นะ ครับ
thûmthee rɛɛŋkaayrɛɛŋsamɔ̌ɔŋ ná khráp

B*: อยาก จะ บรรลุ เป้าหมาย ก็ ต้อง ตั้งใจ ทำ ค่ะ
yàak ca banlú pâwmǎay kô tɔ̂ŋ tâŋcay tham khâ

A: 全身全霊でやりなさい。
B: 目標達成したいので，本気でやらないとなりません。

> thûmthee [トゥムテー]（惜しまず）捧げる，投ずる rɛɛŋ [レーング] 力，パワー kaay [ガーイ]
> 身体 samɔ̌ɔŋ [サモーング] 脳，知恵 yàak [ヤーク] 〜したい banlú [バンル] 達成する
> pâwmǎay [パウマーイ] 目標 tâŋcay 〜 [タンヂャイ] 一生懸命〜する

□ 207
優勝をお祈りしています
ขอให้ชนะ

A*: ขอ ให้ ชนะ ใน การประกวด นะ คะ
khɔ̌ɔ hây chaná nay kaanprakùat ná khá

B: ขอบคุณ มาก ครับ
khɔ̀ɔpkhun mâak khráp

A: コンテストでの優勝をお祈りしていますよ。
B: どうもありがとうございます。

> khɔ̌ɔ hây 〜 [コーハイ] 〜されますように chaná [チャナ] 勝利 [優勝] する
> kaanprakùat [ガーンプラグアト] コンテスト，コンクール

□ 208 ひどい！
🎧 แย่จัง

A*: เมื่อวาน คุณ คะโต หกล้ม ที่ ถนน บาดเจ็บ ค่ะ
　　mûawaan khun Kato hòklóm thîi thanǒn bàatcèp khâ

B: แย่ จัง ตอนนี้ เป็น ไง ครับ
　　yêɛ caŋ　tɔɔnníi pen ŋay kháp

　A: 昨日，加藤さん，道でころんで怪我をしたの。
　B: ひどいなあ，今どうしてる？

ポイント hòklóm [ホックロム] ころぶ　　bàatcèp [バートチェップ] 怪我をする，傷を負う
yêɛ [イェー] ひどい　　caŋ [チャン] とても《口語で使う》　　tɔɔnníi [トーンニー] 現在，今

□ 209 怖い！
🎧 น่ากลัว

A: ระวัง สิบล้อ
　　rawaŋ sìp lɔ́ɔ

B*: โอ้ย น่ากลัว　เกือบ โดน ชน แล้ว
　　óoy nâaklua　kùap doon chon lɛ́ɛw

　A: トラックに気をつけて。
　B: あぁ～，怖い，危うくぶつかるところだったわ。

ポイント rawaŋ [ラワング] 気をつける　　sìp lɔ́ɔ [シップロー] 大型トラック《10のタイヤ》
nâaklua [ナーグルア] 恐ろしい，怖い　　kùap [グアップ] もう少しで，ほとんど
doon [ドーン] ～される《受身表現》　　chon [チョン] ぶつかる

□ 210 うんざり
🎧 น่าเบื่อ

A: รถ ติด อีก แล้ว　ไม่ ไหว เลย
　　rót tìt ìik lɛ́ɛw　mây wǎy ləəy

B*: น่าเบื่อ จริงๆ
　　nâabùa ciŋciŋ

　A: また渋滞だ，どうしようもないな。
　B: ほんと，うんざり。

ポイント ~ mây wǎy [マイワイ]《耐えるのが》無理，できない　　nâabùa [ナーブア] あきあきする，うんざり
ciŋciŋ [チングチング]《強調して》本当に，実に

III 情報を交換する

□ 211　おかしい
🎧　แปลก

A: เขา ลาออก จาก คณะกรรมการ ดำเนินการ แล้ว นะ
　　kháw laaɔ̀ɔk càak khánákammakaan-damnəənkaan lɛ́ɛw ná

B*: อ้าว แปลก นะ คะ　เคย มี ความตั้งใจ สูง นี่
　　âaw plɛ̀ɛk ná khá　khəəy mii khwaamtâŋcay sǔuŋ nii

A: 彼は実行委員会を辞めたよ。
B: あら，おかしいわね，とても熱心だったのに。

ポイント laaɔ̀ɔk [ラーオーク] 辞める　khánákammakaan [カナガムマガーン] 委員会
damnəənkaan [ダムヌーンガーン] 執行する，実行する　plɛ̀ɛk [プレーク] おかしい，奇妙な
khwaamtâŋcay [クワームタングヂャイ] 本気

□ 212　不思議に思う
🎧　แปลกใจ

A*: แปลกใจ จริงๆ นะ คะ　ทำไม เขา รวย เร็ว ขนาดนี้
　　plɛ̀ɛkcay ciŋciŋ ná khá　thammay kháw ruay rew khanàat níi

B: ผม ก็ แปลกใจ เหมือนกัน ครับ
　　phǒm kô plɛ̀ɛkcay mǔankan khráp

A: 本当に不思議ですよね。どうしてあの人，こんなに早くお金持ちになったんだろう。
B: ぼくも不思議に思っていますよ。

ポイント plɛ̀ɛkcay [プレークヂャイ] 不思議に思う　ruay [ルアイ] 金持ちの，裕福な
kô ~ mǔankan [ゴー ～ ムアンガン] ～も同様に…だ

□ 213　怪しい
🎧　น่าสงสัย

A: เมล์ นี้ น่าสงสัย　ใคร ส่ง มา ก็ ไม่ รู้
　　mee níi nâasǒŋsǎy　khray sòŋ maa kô mây rúu

B*: ห้าม ตอบ นะ คะ
　　hâam tɔ̀ɔp ná khá

A: このメール怪しいしな，誰が送って来たのかわからない。
B: 返信しちゃだめよ。

ポイント mee [メー] メール　nâasǒŋsǎy [ナーソングサイ] 怪しい，疑わしい　khray [クライ] 誰（が）
sòŋ [ソング] 送る，送信する　hâam [ハーム] 禁ずる，～してはいけない
tɔ̀ɔp [トープ] 返事をする，応答する

214 ばかじゃない？
🎧 บ้า

A: ปลาคาร์ป ตัว นี้ สวย จัง อยาก จะ ลอง เลี้ยง ดู
plaakháap tua níi sǔay caŋ yàak ca lɔɔŋ líaŋ duu

B*: บ้า แพงหูฉี่
bâa phɛɛŋ hǔuchìi

A: この錦鯉すごくきれいだ，飼ってみたいなあ。
B: ばかじゃないの！ 目玉が飛び出るほど高いわよ。

ポイント plaakháap［プラーカープ］鯉，錦鯉 líaŋ［リアング］飼う bâa［バー］気が狂っている，ばか；
～おたく phɛɛŋ hǔuchìi［ペーングフーチー］目玉が飛び出るほど高い（価格）

215 ばかげている
🎧 บ้าๆบอๆ

A: แม่ ผม อยาก ได้ เรือคะนู
mɛ̂ɛ phǒm yàak dây rʉakhanuu

B*: อย่า คิด บ้าๆบอๆ เอา เงิน ที่ไหน มา ซื้อ
yàa khít bâabâabɔɔbɔɔ aw ŋən thîinǎy maa súu

A: お母さん，ぼくカヌーがほしいの。
B: 何ばかなこと言ってるのよ，どこにそんなお金があるのよ。

ポイント rʉakhanuu［ルアカヌー］カヌー yàa khít［ヤーキット］～を考えないように
bâabâabɔɔbɔɔ［バーバーボーボー］頭がおかしい，ばかげている aw ŋən thîinǎy maa［アウ・ングン・ティナイ・マー］どこからお金を持ってくる《直訳》 ŋən［ングン］お金 súu［スー］買う

216 ばかなこと言わないで
🎧 อย่าดื้อ

A: ไม่ อยาก ไป โรงเรียน แล้ว
mây yàak pay rooŋrian lɛ́ɛw

B*: อย่าดื้อ ไป เร็วๆ ซิ เดี๋ยว ไม่ ทัน
yàa dʉ̂ʉ pay rewrew sí dǐaw mây than

A: もう学校行きたくない～。
B: ばかなこと言うんじゃないの，早く行きなさい，間に合わないよ。

ポイント dʉ̂ʉ［ドゥー］愚かな，頑固な than［タン］間に合う

75

□ 217 道理で
ミナ
มิน่า

A: ได้ ยิน ว่า คุณ มิเนโกะ จบ จาก อเมริกา
dây yin wâa khun Mineko còp càak Amerikaa

B*: มิน่า   เขา พูด อังกฤษ เก่ง จัง เลย
mínâa   kháw phûut aŋkrit kèŋ caŋ ləəy

A: みね子さんはアメリカの大学を出たそうだよ。
B: 道理で！　英語がすごくうまいわ。

còp càak ~ [ヂョップヂャーク] 〜に留学してきた，〜の大学を出た《còp [ヂョップ] 卒業する》
mínâa [ミナー] 道理で　* mínâalâ [ミナーラ] ともいう

□ 218 そうなんですか
ยังงั้นเหรอ

A: เนื่องจาก ฝน ไม่ ตก หลายวัน ราคา ผัก ก็ ขึ้น ยังนี้ ครับ
nûaŋ càak fǒn mây tòk lǎay wan raakhaa phàk kô khûn yaŋnii kháp

B*: ยังงั้น เหรอ คะ   ก็ ช่วย ไม่ ได้   ต้อง ซื้อ
yaŋŋán lə̀ khá   kô chûay mây dây   tôŋ sɯ́ɯ

A: 何日も雨が降らないので，野菜の値段がこんなに上がっています。
B: そうなんですか，仕方ないですね，買わねば。

nûaŋ càak ~ [ヌアングヂャーク] 〜のせいで   phàk [パック] 野菜   yaŋŋán [ヤング・ンガン] そのような
chûay mây dây [チュアイマイダイ] 仕方がない，しょうがない

□ 219 なるほど
จริงทีเดียว

A*: เลือก ซื้อ ของ ดี ดีกว่า   จะ ให้ คน เล็ก ใช้ ต่อ ได้ ด้วย
lûak sɯ́ɯ khɔ̌ɔŋ dii diikwàa   ca hây khon lék cháy tɔ̀ɔ dây dûay

B: จริง ทีเดียว
ciŋ thii diaw

A: いいものを買ったほうがいいわ，下の子に次に使わせることできるし。
B: なるほど。

khɔ̌ɔŋ dii [コーングディー] いい物，品のいい物   diikwàa [ディークワー] 〜のほうがいい
khon lék [コンレック] = lûuk khon lék 下の子   hây ~ cháy tɔ̀ɔ [ハイ〜チャイトー] 〜に引き続き使わせる

บทสนทนาในชีวิตประจำวัน

IV

意思を伝える

220 確実だ
🎧 แน่นอน

A: นิตยา จะ ไป เที่ยว กับ เรา แน่ หรือเปล่า
Níttayaa ca pay thîaw kàp raw nɛ̂ɛ rúplàaw

B*: แน่นอน ค่ะ   เขา บอก ว่า จะ ไป ด้วย
nɛ̂ɛnɔɔn khâ kháw bɔ̀ɔk wâa ca pay dûay

A: ニッタヤーがぼくたちと一緒に旅行に行くのは確かなの？
B: 確かよ，一緒に行くと言ってたわ。

ポイント nɛ̂ɛ [ネー] 確かな [に]   nɛ̂ɛnɔɔn [ネーノーン] 確か，確実な

221 確信がある
🎧 แน่ใจ

A: ผม แน่ใจ ว่า เผด็จการ แบบ นี้ จะ ล้ม ไม่ช้าก็เร็ว
phǒm nɛ̂ɛcay wâa phadètkaan bɛ̀ɛp níi ca lóm mâycháakɔ̂rew

B*: หวัง ว่า ยังงั้น ค่ะ
wǎŋ wâa yaŋŋán khâ

A: この手の独裁は，遅かれ早かれ倒れると確信しています。
B: そうだといいですが。

ポイント nɛ̂ɛcay [ネーヂャイ] 確信する   phadètkaan [パデットガーン] 独裁
lóm [ロム] 倒れる   mâycháakɔ̂rew [マイチャーゴレウ] 遅かれ早かれ，早晩

222 決まってるじゃないか
🎧 แน่ละซี

A*: มิเอะ กิน ข้าว ไม่ ลง ค่ะ   เพราะ ว่า ลูก ต้อง ผ่าตัด
Mie kin khâaw mây loŋ khâ phrɔ́ wâa lûuk tɔ̂ŋ phàatàt

B: แน่ ละ ซี   ใครๆ ก็ ห่วงใย ลูก ของ ตัวเอง
nɛ̂ɛ lá sii khraykhray kɔ̂ hùaŋyay lûuk khɔ̌ɔŋ tuaeeŋ

A: みえさん，子どもが手術しないとならなくて，食事が喉を通らないのよ。
B: 当たり前だよ，誰だって自分の子どものことが心配だよ。

ポイント kin ~ mây loŋ [ギン～マイロング] ～が喉を通らない   khâaw [カーウ] ご飯   phrɔ́ [プロッ] なぜ
ならば   lûuk [ルーク] 子ども   tɔ̂ŋ [トング] しなければならない   phàatàt [パータット] 手術（を
する）   nɛ̂ɛ lá sii [ネーラシー] 決まってるさ，当たり前だ   hùaŋyay [フアングヤイ] 心配する

☐ **223** 〜するのはどう？

ดีไหม

A: เย็นนี้ ไป กิน อาหาร อิตาเลียน จะ ดี ไหม ครับ

yenníi pay kin ahǎan Italian ca dii máy khráp

B*: ดีทีเดียว ค่ะ   ชอบ อาหาร อิตาเลียน ด้วยซ้ำ

dii thiidiaw khâ   chɔ̂ɔp ahǎan Italian dûay sám

A: 今日の夕方，イタリア料理を食べに行くってのはどう？
B: とってもいいですね，イタリア料理も好きだし。

ポイント ahǎan [アーハーン] 料理   dii máy [ディーマイ] いいですか？／どうですか？
dii thiidiaw [ディーティディアウ] とてもよい   chɔ̂ɔp [チョープ] 〜が好きだ，好む
dûay sám [ドゥアイサム] 〜もまた

☐ **224** 〜したほうがいい

ดีกว่า

A*: ก่อน ที่ จะ ตัดสินใจ ไป หา หมอ อีก คน หนึ่ง ดี กว่า ค่ะ

kɔ̀ɔn thîi ca tàtsǐncay pay hǎa mɔ̌ɔ iik khon nɯ̀ŋ dii kwàa khâ

B: โอเค จะ ลอง คิด ดู

ookhee ca lɔɔŋ khít duu

A: 決断する前に，別の医者にも診てもらったほうがいいわ。
B: わかった，考えてみるよ。

ポイント kɔ̀ɔn thîi ca 〜 [ゴーンティチャ] 〜する前に   tàtsǐncay [タットシンチャイ] 決心する，決断する
mɔ̌ɔ [モー] 医者   iik [イーク] 別の，また，さらに   lɔɔŋ khít duu [ローングキットドゥー] 考え
てみる《lɔɔŋ 〜 duu：〜してみる》

☐ **225** 〜すべきだ

ควรจะ

A*: ท้อง เดิน ไม่ หาย ๒ วัน แล้ว   แย่ มาก

thɔ́ɔŋ dəən mây hǎay sɔ̌ɔŋ wan lɛ́ɛw   yɛ̂ɛ mâak

B: ควรจะ ไป หา หมอ นะ

khuan ca pay hǎa mɔ̌ɔ ná

A: 下痢がもう2日も治らないのよ，ひどいことになっちゃた。
B: 医者に診てもらうべきだよ。

ポイント thɔ́ɔŋ dəən [トーングドゥーン] 下痢をする   mây hǎay [マイハーイ] 治らない   wan [ワン] 〜日
lɛ́ɛw [レーウ] すでに   yɛ̂ɛ mâak [イェーマーク] とてもひどい   khuan ca 〜 [クアンチャ] 〜す
べきである

IV 意思を伝える

79

226 そう思わないか？
คิดเช่นนี้ไหม

A: คนเรา ควร ใช้ พลังงาน ธรรมชาติ   คุณ ก็ คิด เช่นนี้ ไหม
khonraw khuan cháy phalaŋŋaan thammachâat   khun kô khít chênníi máy

B*: คิด เช่นนั้น เหมือนกัน ซิ คะ
khít chênnán mǔankan sí khá

A: われわれは自然エネルギーを使うべきだ，あなたもそう思いませんか？
B: 私もそう思いますよ。

khonraw [コンラウ] われわれ人間　　phalaŋŋaan [パランガーン] エネルギー
thammachâat [タムマチャート] 自然　　khít [キット] 思う，考える
chênnán [チェンナン] そのように　　mǔankan [ムアンガン] 〜も（同様に）

227 それでいい？
โอเคไหม

A: วันจันทร์ หน้า ๙[เก้า] โมง เช้า มา รวม กัน ที่ ล็อบบี้ โอเค ไหม ครับ
wancan nâa kâaw mooŋ cháaw maa ruam kan thîi lɔ́pbîi ookhee máy khráp

B*: ทุกคน โอเค ค่ะ
thúk khon ookhee khâ

A: 来週月曜午前９時，ロビーに集合でいいですか？
B: 全員オーケーです。

wancan [ワンヂャン] 月曜日　　nâa [ナー] 次の　　kâaw mooŋ cháaw [ガーウ モーングチャーウ] 午
前９時　　ruam [ルアム] 集合する　　thúk khon [トゥックコン] みんな，全員

228 〜でいいですよね？
ตกลงว่า ~ ใช่ไหม

A*: ตกลง ว่า ไม่ แวะ ถนน กินซ่า ใช่ ไหม คะ
tòkloŋ wâa mây wé thanǒn Ginza chây máy khá

B: ไม่ ใช่ แวะ ถนน กินซ่า ก่อน   แล้ว ค่อย ไป อะซากูซะ นะ
mây chây wé thanǒn Ginza kɔ̀ɔn léɛw khɔ̀y pay Asakusa ná

A: 銀座には寄らない，ということですよね？
B: いや，銀座に寄ってから浅草に行ってくれ。

tòkloŋ [トックロング] 同意 [合意] する　　wé [ウェ] 寄る　　thanǒn [タノン] 通り
~ léɛw khɔ̀y ... [レーウコイ] 〜してから…する

□ **229** 賛成です
🎧 เห็นด้วย

A*: น่าจะ ห้าม สูบ บุหรี่ ใน ออฟฟิศ นะ คะ
nâa ca hâam sùup burìi nay ɔɔfít ná khá

B: เห็นด้วย ครับ
hěndûay khráp

- -
A: オフィス内は禁煙にすべきだわ。
B: 賛成ですね。

ポイント
nâa ca ~ [ナーヂャ] 〜したほうがいい，〜して当然　　hâam [ハーム] 禁止する
sùup burìi [スープ ブリー] タバコを吸う　　nay ɔɔfít [ナイ オッフィット] オフィス内で
hěndûay [ヘンドゥアイ] 賛成［同意］する

□ **230** 同意する
🎧 ตกลง

A*: ปัญหา นี้ ขอ ปรึกษา กัน อีก ครั้ง อาทิตย์ หน้า ค่ะ
panhǎa níi khɔ̌ɔ prúksǎa kan iik khráŋ athít nâa khâ

B: ตกลง ครับ
tòkloŋ khráp

- -
A: この問題は，来週もう1回相談させてください。
B: いいですよ。

ポイント
panhǎa [パンハー] 問題，疑問　　khɔ̌ɔ [コー] ＋動詞：〜させてください
prúksǎa [プルクサー] 相談する　　khráŋ [クラン] 回，度　　athít nâa [アーティットナー] 来週

□ **231** いいアイデアですね
🎧 ไอเดียดี

A*: คิด จะ ปลูก ดอกไม้ ข้างๆ ประตูหน้า บริษัท ค่ะ
khít ca plùuk dɔ̀ɔkmáay khâŋkhâaŋ pratuunâa bɔrisàt khâ

B: ไอเดียดี นะ
aydia dii ná

- -
A: 会社の正面玄関の脇に，お花を植えようと思います。
B: いいアイデアですねぇ。

ポイント
plùuk [プルーク] 植える　　pratuunâa [プラトゥーナー] 正面玄関，正門
aydia [アイディア] 考え，アイデア

---

232 同じ意見です

มีความคิดเห็นเดียวกัน

A: **คุณ ชูศักดิ์ มี ความคิดเห็น เดียวกัน กับ ผม**
khun Chuusàk mii khwaamkhíthěn diawkan kàp phǒm

B*: **เรื่อง การตั้ง สหภาพ เหรอ คะ**
rûaŋ kaantâŋ sahàphâap lǎ khá

A: チューサックさんはわたしと同じ意見です。
B: 組合設立の話ですか？

khwaamkhíthěn [クワームキットヘン] 意見，見解　　diawkan [ディアウガン] 同一の，同じ
kaantâŋ [ガーンタング] 設立　　sahàphâap [サハパープ] 労働組合《reeŋ-ŋaan [レング・ンガーン] ＝労働の省略》

---

233 あなたの言うとおり

คุณพูดถูกต้อง

A*: **หัวหน้าแผนก น่า จะ ลาออก จาก ตำแหน่ง นะ คะ**
hǔanâa phanèɛk nâa ca laaɔ̀ɔk càak tamnɛ̀ŋ ná khá

B: **คุณ พูด ถูกต้อง ทีเดียว**
khun phûut thùuktɔ̂ŋ thiidiaw

A: 課長は辞めるべきだわね。
B: まったく，きみの言うとおりだよ。

hǔanâa [フアナー] チーフ，～長　　phanèɛk [パネーク] 課　　nâa ca [ナーヂャ] ～してしかるべき
laaɔ̀ɔk [ラーオーク] 辞める　　tamnɛ̀ŋ [タムネング] 地位，役職　　thùuktɔ̂ŋ [トゥークトング] 正しい

---

234 同じように考えます

คิดอย่างนี้เหมือนกัน

A: **โรงงานเผาขยะ ไม่ ควร สร้าง ใกล้ๆ เขต ที่อยู่อาศัย**
rooŋŋaan phǎwkhayà mây khuan sâaŋ klâyklây khèet thîiyùuaasǎy

B*: **ดิฉัน ก็ คิด อย่างนี้ เหมือนกัน ค่ะ**
dichán kɔ̂ khít yàaŋníi mǔankan khâ

A: ごみ焼却場は住宅地のそばに建設すべきじゃない。
B: わたしもそう思います。

rooŋŋaan [ローング・ンガーン] 工場　　phǎwkhayà [パウカヤ] ごみを燃やす
khèet [ケート] 区域　　thîiyùuaasǎy [ティーユーアーサイ] 住宅，住宅地
yàaŋníi [ヤーングニー] このように　　mǔankan [ムアンガン] （～も）同様に

235 いい考えだ／いい意見だ
ความคิดที่ดี

A*: เผื่อ ว่า เกิด ไฟไหม้ ขึ้น ควร จะ ซ้อม การหลบภัย ค่ะ
phùa wâa kəət faymây khûn khuan ca sɔ́ɔm kaanlòpphay khâ

B: เป็น ความคิด ที่ ดี ครับ
pen khwaamkhít thîi dii khráp

A: 火事が起きたときのために，避難訓練しておくべきですね。
B: いい考えですね。

 phùa [プア] ～のために　　kəət [グート] 起きる，起こる，発生する　　faymây [ファイマイ] 火事
sɔ́ɔm [ソーム] 練習する，訓練する　　kaan [ガーン] 動詞の前に置き動名詞をつくる
lòpphay [ロップパイ] 避難する　　khwaamkhít [クワームキット] 考え，意見

236 そのとおり
จริงด้วย

A: กรุงเทพฯ แทบ จะ ไม่ มี แผ่นดินไหว เลย
kruŋthêep thêep ca mây mii phèndinwǎy ləəy

B*: จริงด้วย นะ คะ
ciŋ dûay ná khá

A: バンコクはほとんど地震がないですね。
B: そのとおりよ。

thêep (ca) [テープヂャ] ほとんど～　　phèndinwǎy [ペンディンワイ] 地震

237 そのとおり
นั่นน่ะซี

A: ญี่ปุ่น ตอนนี้ ดู เหมือน ว่า เป็น เผด็จการ รัฐสภา นะ ครับ
yîipùn tɔɔnníi duu mǔan wâa pen phadètkaan rátthasaphaa ná kháp

B*: นั่นน่ะซี คะ
nân nâsii khá

A: 日本は今，国会の独裁みたいだな。
B: そうなのよね。

duu mǔan wâa~ [ドゥームアンワー] ～であるかのようだ，～のように見える
phadètkaan [パデットガーン] 独裁　　rátthasaphaa [ラッタサパー] 国会
nân nâsii [ナンナシー] それそれ，まさにそれ，そのとおり

238 あなた次第
แล้วแต่คุณ

A*: ไป กิน อะไร ดี   อาหาร ญี่ปุ่น หรือ อาหาร เกาหลี
pay kin aray dii   aahǎan yîipùn rǔɯ aahǎan kawlii

B: แล้วแต่ เธอ ซิ
lɛ́ɛw tɛ̀ɛ thəə sí

A: 何を食べに行こうかしら，日本料理？　韓国料理？
B: きみにまかせるよ。

ポイント kawlii [ガウリー] 韓国　　lɛ́ɛw tɛ̀ɛ [レウテー] ～次第　　thəə [トゥー] きみ

239 なんでもいい
อะไรก็ได้

A*: ไป ดู หนัง กัน ไหม คะ   ดู อะไร ดี คะ
pay duu nǎŋ kan máy khá duu aray dii khá

B: อะไร ก็ ได้
aray kɔ̂ dây

A: 映画を観に行きませんか，何を観ましょう？
B: なんでもいいよ。

ポイント aray kɔ̂ dây [アライゴダイ] なんでもいい

240 お好きなように
ตามใจคุณ

A: คราวนี้ ตกลง ไป เที่ยว ฮอกไกโด ดี ไหม
khraawníi tòkloŋ pay thîaw Hokkaido dii máy

B*: ตามใจ พี่ ค่ะ
taamcay phîi khâ

A: 今回は北海道に行くことにしよう，どう？
B: それでいいわよ。

ポイント tòkloŋ [トックロング] 決める，～とする　　taamcay ～ [タームヂャイ] ～の好きなように
phîi [ピー] 《年長の相手を指して》あなた

241 賛成できない
ไม่เห็นด้วย

A: อยาก ให้ ลูก ไป ฝึก เล่น ฟุตบอล
yàak hây lûuk pay fùk lên fútbɔɔl

B*: ไม่ เห็น ด้วย แก ไม่ ชอบ เล่น กีฬา หรอก
mây hěn dûay kɛɛ mây chɔ̂ɔp lên kiilaa rɔ̀ɔk

A: あいつにサッカー習わせたいな。
B: 賛成できないわ，あの子，スポーツ苦手なんだから。

 yàak hây ~ [ヤークハイ] ～させたい　fùk [フック] 練習する　hěn dûay [ヘンドゥアイ] 賛成する
kɛɛ [ゲー] 彼，彼女《目下の》　lên kiilaa [レンギーラー] スポーツ [運動] をする

 242 同意できない
ตกลงไม่ได้

A: เงื่อนไข เช่น นี้ ผม ตกลง ไม่ ได้ ครับ
ŋûankhǎy chên níi phǒm tòkloŋ mây dây khráp

B*: ถ้า งั้น จะ พิจารณา ใหม่ ดี กว่า ค่ะ
thâa ŋán ca phícaaranaa mày dii kwàa khâ

A: このような条件では同意できません。
B: では，検討し直したほうがいいですね。

 ŋûankhǎy [ŋグアンカイ] 条件　tòkloŋ [トックロング] 合意 [同意] する
phícaaranaa [ピッチャラナー] 検討する

 243 問題だ
เป็นปัญหา

A*: อยาก จะ แก้ไข ข้อตกลง ประการ ที่ ๕ ค่ะ
yàak ca kɛ̂ɛkhǎy khɔ̂ɔtòkloŋ prakaanthii hâa khâ

B: เป็น ปัญหา นะ ไม่ มี เวลา ประชุม แล้ว
pen panhǎa ná mây mii weelaa prachum lɛ́ɛw

A: 協定の第5項を修正したいのですが。
B: 問題だな，もう会議をする時間がないんだ。

kɛ̂ɛkhǎy [ゲーカイ] 直す，修正する　khɔ̂ɔtòkloŋ [コートックロング] 協定，決定事項
prakaan [プラガーン] 項目　prachum [プラチュム] 会議（をする）

意思を伝える IV

□ 244 🎧

無理だ
เป็นไปไม่ได้

A: ผู้จัดการ สั่ง ให้ สำรวจ เสร็จ ใน เดือน นี้ นะ
phûucàtkaan sàŋ hây sǎmrùat sèt nay dɯanníi ná

B*: ใน เดือน นี้ เหรอ คะ เป็น ไป ไม่ ได้ ซิ คะ
nay dɯan níi lɔ̌ khá pen pay mây dây sí khá

> A: 部長が今月中に調査を終えるように言ってるよ。
> B: 今月中に？ 無理だわよ〜。

ポイント sǎmrùat [サムルアト] 調査（する） ～sèt [セット] ～を終える
pen pay mây dây [ペンパイマイダイ] 不可能である，無理だ

□ 245 🎧

～できません
ไม่สามารถที่จะ ～ ได้

A: ช่วย จัด ดอกไม้ แบบ ญี่ปุ่น ที่ ทางเข้า หน่อย
chûay càt dɔ̀ɔkmáay bɛ̀ɛp yîipùn thîi thaaŋkhâw nɔ̀y

B*: ไม่ สามารถ ที่ จะ จัด ได้ ค่ะ ไม่ เคย เห็น ด้วยซ้ำ
mây sǎamâat thîi ca càt dây khâ mây khəəy hěn dûay sám

> A: 入口のところに日本風に花を生けてくれるかな。
> B: 生けることができないんです。見たことありませんし。

ポイント càt [チャット] アレンジする bɛ̀ɛp yîipùn [ベーブイープン] 日本式，日本風 sǎamâat ～ dây [サーマート～ダイ] ～できる，～可能である dûay sám [ドゥアイサム] おまけに～でもある，その上

□ 246 🎧

～できない
ไม่ไหว

A: เย็น นี้ ผม จะ พา แขก ไป บ้าน นะ ช่วย ทำ อาหาร ให้ หน่อย
yen níi phǒm ca phaa khɛ̀ɛk pay bâan ná chûay tham aahǎan hây nɔ̀y

B*: อ้าว ไม่ ไหว ค่ะ ไม่ ค่อย สบาย
âaw mây wǎy khâ mây khɔ̂y sabaay

> A: 夕方お客を連れて帰るから，食べるものを作ってくれ。
> B: あら，無理だわ〜。具合が悪いの。

ポイント khɛ̀ɛk [ケーク] 客 《chûay ＋動詞～＋ hây nɔ̀y》：ちょっと～してください tham aahǎan [タムアーハーン] 料理を作る mây wǎy [マイワイ] ワイは肉体的または物理的にできる，できないに使う。

□ 247 ～ではない
ไม่ใช่ว่า ～

A: ไม่ใช่ว่า ร้าน ปิด ตีสอง แต่ ปิด สองทุ่ม
mây chây wâa ráan pìt tii sɔ̌ɔŋ tɛ̀ɛ pìt sɔ̌ɔŋ thûm

B*: อ๋อ ยังงั้น เหรอ คะ
ɔ̌ɔ yaŋŋán lə̌ khá

A: 店は午前2時に閉まるのではなくて，午後8時に閉まるんです。
B: はあ，そうなんですか。

ポイント tii sɔ̌ɔŋ [ティーソーング] 夜中の2時《午前1時～午前5時は tii を使う》
sɔ̌ɔŋ thûm [ソーングトゥム] 夜の2時《午後8時のこと。夜は午後7時から始まる》

□ 248 あなたの考えは正しくない
คุณคิดไม่ถูก

A: ผู้หญิง ไม่ ยอม มี ลูก ก็ ทำ ให้ ประชากร น้อย ลง ยังนี้
phûuyǐŋ mây yɔɔm mii lûuk kɔ̂ thamhây prachaakɔɔn nɔ́ɔy loŋ yaŋníi

B*: คุณ คิด ไม่ ถูก นะ   สาเหตุ อยู่ ที่ ว่า ที่ ฝาก ลูก น้อย
khun khít mây thùuk ná sǎahèet yùu thîi wâa thîi fàak lûuk nɔ́ɔy

A: 女性が子どもを作りたがらないので，人口がこんなに減ってきたんだ。
B: あなたの考えは正しくないわ，原因は預けるところが少ないからよ。

ポイント mây yɔɔm ～ [マイヨーム] ～しようとしない   prachaakɔɔn [プラチャーゴーン] 人口
sǎahèet yùu thîi wâa ～ [サーヘートユーティワー] 原因は～にある   fàak [ファーク] 預ける

□ 249 間違った理解です
เป็นความเข้าใจที่ผิดพลาด

A: ภาษา ไทย เป็น ภาษา จำพวก ภาษา อินเดีย
phaasǎa thay pen phaasǎa camphûak phaasǎa india

B*: เป็น ความเข้าใจ ที่ ผิดพลาด ค่ะ   ภาษา ไทย คล้าย กับ ภาษา จีน
pen khwaamkhâwcay thîi phìtphlâat khâ phaasǎa thay khláay kàp phaasǎa ciin

A: タイ語はインド言語の仲間です。
B: 間違った理解ですよ，タイ語は中国語に近いんですよ。

ポイント camphûak [チャムプアク] グループ，カテゴリー，タイプ
phìtphlâat [ピットプラート] 間違いの，間違った   khláay [クラーイ] 似ている

☐ 250　誤解だ
เข้าใจผิด

A: คุณ สมศักดิ์ จบ จาก อเมริกา ก็เลย พูด อังกฤษ เก่ง
khun Sŏmsàk còp càak amerikaa kô ləəy phûut aŋrìt kèŋ

B*: เข้าใจ ผิด นะ คะ　จบ จาก อังกฤษ ค่ะ
khâwcay phìt ná khá　còp càak aŋrìt khâ

> A: ソムサックさんはアメリカ留学したので，英語がうまい。
> B: 違うわよ，イギリス留学だったわ。

 còp càak ~ [チョップチャーク] ～（の大学）を卒業する　　kô ləəy [ゴールーイ] だから～，なので
~　　phûut [プート] 話す，言う，しゃべる　　kèŋ [ゲング] うまい，上手な

☐ 251　それは別の話だ
คนละเรื่อง

A*: คุณ เคย บอก ว่า เห็น ด้วย กับ ไอเดีย นี้ นะ คะ
khun khəəy bɔ̀ɔk wâa hěn dûay kàp aydia níi ná khá

B: ไม่ ใช่　คนละ เรื่อง
mây chây　khonlá rûaŋ

> A: あなたはこのアイデアに賛成だと言いましたよ。
> B: 違うよ，別の話だよ。

 khonlá ~ [コンラ] 別の～，別々の～　　rûaŋ [ルアング] 件，事柄，話（題）

☐ 252　論点から外れている
นอกประเด็น

A*: ปัญหา โลก ร้อน ก็ สำคัญ ค่ะ
panhăa lôok rɔ́ɔn kô sǎmkhan khâ

B: เข้าใจ ครับ　แต่ เรื่อง นี้ นอก ประเด็น ประชุม วันนี้
khâwcay khráp　tɛ̀ɛ rûaŋ níi nɔ̂ɔk praden prachum wanníi

> A: 地球温暖化の問題も重要です。
> B: わかりますが，この件は今日の会議の議題ではありません。

panhăa lôok rɔ́ɔn [パンハーロークローン] 地球温暖化問題　　sǎmkhan [サムカン] 重要な，大切な
nɔ̂ɔk praden [ノークプラデン]（話などの）要点 [論点] から外れている
prachum [プラチュム] 会議

☐ 253 しかたない
 ช่วยไม่ได้

A*: ไอ้ย่า ลืม หุง ข้าว
　　 ây-yâa lɯɯm hǔŋ khâaw

B: ช่วย ไม่ ได้ กิน ขนมปัง ก็ แล้ว กัน
　　 chûay mây dây kin khanǒmpaŋ kɔ̂ lɛ́ɛw kan

- -
A: あらまあ，ご飯炊くの忘れたわ。
B: しょうがないな，パンでも食べるさ。

ポイント ây-yâa [アイヤー] 華人がよく使う感嘆詞　　lɯɯm [ルーム] 忘れる　　hǔŋ khâaw [フングカーウ] 米を炊く　　chûay mây dây [チュアイマイダイ] しかたがない〈助けられない〉　　kin [ギン] 食べる，飲む　　khanǒmpaŋ [カノムパン] パン　　kɔ̂ lɛ́ɛw kan [ゴー レーウ ガン] 〜でもよいではないか，〜にしよう

☐ 254 まだまし
 ยังดีกว่า

A*: พ่อ บอกว่า ไม่ ให้ กิน ข้าว นะ เย็น นี้
　　 phɔ̂ɔ bɔ̀ɔk wâa mây hây kin khâaw ná yen níi

B: ยัง ดี กว่า ถูก พ่อ ตี
　　 yaŋ dii kwàa thùuk phɔ̂ɔ tii

- -
A: お父さんがご飯食べさせないって，今夜。
B: お父さんに叩かれるよりましだよ。

ポイント bɔ̀ɔk wâa ~ [ボークワー〜] 〜と言う　　hây [ハイ] 〜させる　　kin khâaw [ギンカーウ] ご飯を食べる　　yaŋ dii kwàa ~ [ヤングディーグワー〜] 〜よりまだまし　　thùuk [トゥーク] 〜される〈受け身〉　　thùuk ~ tii [トゥーク〜ティー] 〜に叩かれる

☐ 255 〜でもいい
 〜 ก็ได้

A*: ลิ้นจี่ หมด แล้ว มี แต่ ลำไย นะ
　　 líncii mòt lɛ́ɛw mii tɛ̀ɛ lamyay ná

B: เอา ลำไย ก็ ได้
　　 aw lamyay kɔ̂ dây

- -
A: ライチはなくなって竜眼だけしかないわよ。
B: 竜眼でもいいよ。

ポイント líncii [リンヂー] ライチ　　mii tɛ̀ɛ ~ [ミーテー] 〜しかない　　lamyay [ラムヤイ] 竜眼　　aw [アウ] とる，いる，ほしい　　~ kɔ̂ dây [ゴーダイ] 〜でもいい

□ 256 確かなの？

แน่นอนหรือเปล่า

A: ได้ ข่าว ว่า ญี่ปุ่น ยกเลิก วีซ่า สำหรับ คนไทย นะ ไป เที่ยว กัน เถอะ
dâay khàaw wâa yîipùn yóklôək wiisâa sǎmràp khonthay ná pay thîaw kan thə̀

B*: แน่นอน หรือเปล่า อาจ จะ เป็น ข่าวลือ ก็ได้
nɛ̂ɛnɔɔn rúplàaw àat ca pen khàawlɯɯ kɔ̂ dâay

A: 日本がタイ人のビザを廃止したってさ，旅行に行こうぜ。
B: 確かなの？ 噂かもしれないじゃない。

> nɛ̂ɛnɔɔn [ネーノーン] 確か，確実な　yóklôək [ヨックルーク] キャンセルする，廃止する
> àat ca [アーッチャ] 〜かもしれない，たぶん　khàawlɯɯ [カーウルー] 噂
> ~ kɔ̂ dâay [〜 ゴダイ] あり得る

□ 257 反対する

คัดค้าน

A: รัฐบาล ควรจะ ส่งเสริม การผลิตไฟฟ้า พลังงานนิวเคลียร์ ครับ
rátthabaan khuanca sòŋsɤ̌ɤm kaanphalìtfayfáa phalaŋŋaan-niwkhlia kháp

B*: มี คน คัดค้าน มาก ดิฉัน ก็ คัดค้าน ค่ะ
mii khon khátkháan mâak dichán kɔ̂ khátkháan khâ

A: 政府は原子力発電を推進すべきです。
B: 反対する人が多いですよ。わたしも反対です。

> khuan (ca) [クアン (チャ)] 〜すべきだ　sòŋsɤ̌ɤm [ソングスーム] 推進 [促進] する
> kaanphalitfayfáa [ガーンパリットファイファー] 発電　phalaŋŋaan [パラング・ンガーン] エネルギー
> niwkhlia [ニウクリア] 核，ニュークリア　khátkháan [カットカーン] 反対する，抗議する

□ 258 〜とは言い切れない／〜とは限らない

ไม่เชิง

A*: ได้ ข่าว ว่า ปีหน้า ราคาหุ้น จะ ขึ้น นะ คะ
dâay khàaw wâa piinâa raakhaahûn ca khɯ̂n ná khá

B: ก็ ไม่ เชิง นะ อาจ จะ ลง ก็ ได้
kɔ̂ mâay chəəŋ ná àat ca loŋ kɔ̂ dâay

A: 来年は株価が上がるそうですね。
B: うーん，そうとは言い切れませんね，下がることもあります。

> dâay khàaw wâa ~ [ダイカーウワー] 〜だそうだ　raakhaahûn [ラーカーフン] 株価
> khɯ̂n [クン] 上がる　kɔ̂ [コー] 《次の言葉を探して》ええと，うーん　loŋ [ロング] 下がる

☐ 259 きみの誤解だ
เธอเข้าใจผิด

A*: เมื่อวาน ทำไม ไม่ มา   รอ ตั้งนาน
mûawaan thammay mây maa   rɔɔ tâŋ naan

B: เธอ เข้าใจ ผิด นะ   ผม ไม่ ได้ บอก ว่า จะ ไป
thəə khâw cay phìt ná   phǒm mây dây bɔ̀ɔk wâa ca pay

A: 昨日はどうして来なかったの？　ずっと待ってたのに。
B: きみの誤解だよ，ぼくは行くとは言ってないよ。

ポイント rɔɔ [ロー] 待つ　tâŋ naan [タングナーン] ずっと　khâw cay phìt [カウヂャイピット] 誤解する
mây dây [マイダイ] 〜しなかった《過去の行為を否定》　bɔ̀ɔk [ボーク] 言う，告げる，述べる

☐ 260 理解が違っている
เข้าใจไม่ถูก

A: เวียดนาม ไม่ เคย เป็น เมืองขึ้น เหมือน เมืองไทย ครับ
wîatnaam mây khəəy pen mʉaŋkhûn mǔan mʉaŋthay khráp

B*: เข้าใจ ไม่ ถูก ซิ คะ   เวียดนาม เคย เป็น เมืองขึ้น ฝรั่งเศส
khâwcay mây thùuk sí khá   wîatnaam khəəy pen mʉaŋkhûn faràŋsèet

A: ベトナムはタイと同様，植民地になったことがありません。
B: 間違ってますよ，ベトナムはフランスの植民地でした。

ポイント khəəy pen [クーイペン] かつて〜であった　mʉaŋkhûn [ムアングクン] 植民地　mǔan [ムアン]
〜みたいに，同様に　khâwcay [カウヂャイ] 理解する　thùuk [トゥーク] 正しい

☐ 261 そのつもりではなかった
ไม่ได้ตั้งใจ ~

A*: บอก แล้ว ว่า ไม่ ให้ เข้า ที่ ปลูก ดอกไม้ นี่
bɔ̀ɔk lɛ́ɛw wâa mây hây khâw thîi plùuk dɔ̀kmaáy nîi

B: ไม่ ได้ ตั้งใจ เข้า ครับ   วิ่ง หนี เพื่อน มา ก็ เลย ไม่ รู้ตัว
mây dây tâŋcay khâw kháp   wîŋ nǐi phʉ̂an maa kɔ̂ ləəy mây rúutua

A: 花植えてあるところに入っちゃだめ，と言ってあったでしょ。
B: わざと入ったんじゃないよ，友だちから逃げて走ってきたから気づかなかったんだ。

ポイント mây hây ~ [マイハイ] 〜してはいけない，〜させない　mây dây tâŋcay ~ [マイダイタングチャイ]
〜するつもりではなかった　kháp [カップ]：khráp のくだけた言い方　nǐi [ニー] 逃げる
rúutua [ルートゥア] 気が付く，意識する

IV 意思を伝える

91

262

もう結構
พอแล้ว

A*: อ้าว ทำไม กิน เหล้า อีก   หมอ ก็ บอก ห้าม กิน นะ
âaw thammay kin lâw ìik   mɔ̌ɔ kɔ̂ bɔ̀ɔk hâam kin ná

B: พอ แล้ว อย่า ยุ่ง
phɔɔ lɛ́ɛw yàa yûŋ

A: あ～ら，なんでまたお酒飲んでるの，医者も禁止って言ってたでしょ。
B: もう結構！ うるさい！

ポイント
lâw [ラウ] 酒   phɔɔ lɛ́ɛw [ポーレーウ] すでに十分，もう結構
yàa yûŋ [ヤーユング] うるさくするな，かまうな

263

時間の無駄だ
เสียเวลาเปล่าๆ

A: เธอ คัดค้าน อะไรต่ออะไร อย่าง ไม่ มี เหตุผล   ดื้อ มาก
thəə khátkháan araytɔ̀ɔaray yàaŋ mây mii hèetphǒn dûɯ mâak

B*: คุย อะไร ก็ เสีย เวลา เปล่าๆ   ไม่ เจอ ดี กว่า
khuy aray kɔ̂ sǐa weelaa plàwplàaw mây cəə dii kwàa

A: 何でもかんでもわけもなく反対してさ，石頭！
B: 何話しても時間の無駄ね，会わない方がいいわ。

ポイント
khátkháan [カットカーン] 反対する   hèetphǒn [ヘートポン] 理由，道理   dûɯ [ドゥー] 愚か，
わがまま，頑固   sǐa weelaa [シアウェラー] 時間をつぶす   ~ plàwplàaw [プラウプラーウ] 無駄に
～するだけ

264

気分を害した
อารมณ์เสียแล้ว

A: ฟัง เธอ พูด อารมณ์ เสีย แล้ว สิ นะ
faŋ thəə phûut aarom sǐa lɛ́ɛw si ná

B*: คง ไม่ มี อะไร จะ คุย ต่อ นะ คะ
khoŋ mây mii aray ca khuy tɔ̀ɔ ná khá

A: きみの言うこと聞いてたら気分を害したぜ。
B: これ以上，話すこともないようね。

ポイント
aarom [アーロム] 気分，機嫌   aarom sǐa [アーロムシア] 機嫌を悪くする，気分を害する

□ 265　本気だ
🎧　เอาจริง

A*: ได้ ยิน ว่า จะ ย้าย ไป อยู่ เชียงใหม่ คิด ดี แล้ว เหรอ คะ
dâːy yin wâa ca yáay pay yùu chiaŋmày khít dii léɛw lɔ́ khá

B: เอาจริง ครับ
awciŋ khráp

- - - - - - - - - - - - - - - - - -

A: チェンマイに引っ越すそうですが，よく考えたんですか？
B: 本気です。

ポイント　dâːy yin wâa ~ [ダインワー] ～と聞いた，～だそうですが　　awciŋ [アウヂング] 本気である

□ 266　冗談ではない
🎧　ไม่ได้พูดเล่น

A*: คิด จะ เปลี่ยน งาน จริง เหรอ คะ
khít ca plìan ŋaan ciŋ lɔ̀ khá

B: จริง สิ ครับ ไม่ ได้ พูดเล่น
ciŋ sì kháp mây dâːy phûut lên

- - - - - - - - - - - - - - - - - -

A: 転職するつもりって本当なの？
B: 本当ですよ，冗談言ってません。

ポイント　plìan ŋaan [プリアン・ンガーン] 転職する　　phûut lên [プートレン] 冗談を言う

□ 267　からかっていない
🎧　ไม่ใช่ว่าล้อเล่น

A*: อย่า ล้อเล่น สิ คะ
yàa lɔ́ɔlên sì khá

B: ไม่ ใช่ ว่า ล้อเล่น เธอ สวย จริงๆ ครับ
mây chây wâa lɔ́ɔlên thəə sŭay ciŋciŋ khráp

- - - - - - - - - - - - - - - - - -

A: からかわないでくださいね。
B: からかってないですよ，ほんとうにきれいなんです。

ポイント　yàa ~ [ヤー] ～しないように　　lɔ́ɔlên [ローレン] からかう，ふざける

268 重要なのは〜
🎧 ที่สำคัญก็คือ

A: ที่ สำคัญ ก็ คือ แรกๆ ต้อง ฟัง คำ พูด ของ หัวหน้า ก่อน
thîi sămkhan kô khuu rêɛk rêɛk tɔ̂ŋ faŋ khamphûut khɔ̆ɔŋ hŭanâa kɔ̀ɔn

B*: ค่ะ ทราบ แล้ว ค่ะ
khâ sâap lɛ́ɛw khâ

A: 重要なのは，最初はまずチーフの言うことをよく聞くことだ。
B: はい，わかりました。

ポイント sămkhan [サムカン] 重要な　　rêɛkrêɛk [レークレーク] 当初は，初めは
khamphûut [カムプート] 言うこと，発言　　hŭanâa [フアナー] チーフ

269 繰り返すと
🎧 ขอย้ำอีกที

A: ขอ ย้ำ อีกที ว่า พวก เรา จะ ไม่ ลืม น้ำใจ เอื้ออารี ของ ทุก ท่าน ครับ
khɔ̆ɔ yám iikthii wâa phûak raw ca mây luum námcay ûa-aarii khɔ̆ɔŋ thúk thân khráp

B*: ขอ ให้ กลับ ประเทศ โดย สวัสดิภาพ ค่ะ
khɔ̆ɔ hây klàp prathêet dooy sawàtdiphâap khâ

A: もう一度言わせていただきますが，私たちはみなさんの優しいお心遣いを忘れることはありません。
B: どうぞご無事でご帰国なさいますように。

ポイント yám [ヤム] 繰り返す，確認する　　luum [ルーム] 忘れる　　námcay [ナムチャイ] 人情，思いやり　　ûa-aarii [ウアアーリー] 親切な，優しい　　thúk thân [トゥックタン] みなさま　　sawàtdiphâap [サワッディパープ] 無事，安全

270 強調したい
🎧 อยากจะเน้น

A: อยาก จะ เน้น ว่า ปัญหา กัมมันตรังสี ยัง มี อยู่
yàak ca nén wâa panhăa kammantaraŋsĭi yaŋ mii yùu

B*: คน ที่ เคย อยู่ ที่นั่น คง ลำบาก นะ คะ
khon thîi khəəy yùu thîinân khoŋ lambàak ná khá

A: 放射線の問題はまだあるっていうことを強調したいです。
B: そこに以前住んでいた人たちはたいへんですね。

ポイント nén [ネン] 強調する，フォーカスする　　kammantaraŋsĭi [ガムマンタラングシー] 放射線，放射能

271 どう言えばいいかわからない
ไม่รู้ [ว่า] จะบอกยังไงดี

A*: ทำไม ถึง ชอบ ภาพวาด รูป นี้ คะ
thammay thǔŋ chɔ̂ɔp phâapwâat rûup níi khá

B: ไม่ รู้ จะ บอก ยังไง ดี นะ
mây rúu ca bɔ̀ɔk yaŋŋay dii náa

A: どうしてまたこの絵がお好きなんですか？
B: なんて言ったらいいかなあ。

ポイント phâapwâat [パープワート] 絵画, 絵　　rûup [ループ] 絵画の類別詞
bɔ̀ɔk yaŋŋay dii [ボークヤング・ンガイ・ディー] どう言えばいいか

272 うまく説明できない
อธิบายไม่ถูก

A: ไม่ รู้เรื่อง เลย　ช่วย อธิบาย หน่อย ซิ
mây rúurɨ̂aŋ lǝǝy chûay athíbaay nɔ̀y sí

B*: ยุ่งยาก มาก นะ คะ　อธิบาย ไม่ ถูก
yûŋyâak mâak ná khá athíbaay mây thùuk

A: 全然わからないな，ちょっと説明してよ。
B: とてもややこしくて，うまく説明できないわ。

ポイント yûŋyâak [ユングヤーク] ややこしい，複雑で難しい
athíbaay mây thùuk [アティバーイ・マイ・トゥーク] 的確に説明できない

273 表現できないほど
สุดที่จะพรรณนาได้

A: รัก เธอ มาก สุด ที่ จะ พรรณนา ได้
rák thǝǝ mâak sùt thîi ca phannánaa dây

B*: เอา ใจ เก่ง จัง เลย
aw cay kèŋ caŋ lǝǝy

A: 言葉で表現できないほど，きみを愛してるよ。
B: 人の気を引くのがうまいのね。

ポイント sùt thîi ca phannánaa dây [スットティーチャパンナナーダイ] 表現できないほど
aw cay [アウヂャイ] 気を引く，喜ばせる

274 ～のようだ

ดูเหมือนว่า

A*: **ดูเหมือนว่า ศศิ มี ครรภ์ แล้ว นะ**
duu mǔan wâa Sasì mii khan lɛ́ɛw ná

B: **คง ใช่ ล่ะ มั้ง**
khoŋ chây lâ máŋ

A: サシは子供ができたようだわね。
B: きっとそうだな。

 duu mǔan wâa ～ [ドゥームアンワー] ～のようだ，～のように見える　mii khan [ミーカン] 妊娠している　lâ [ラ]《語気助詞》な，よ　máŋ [マング] 多分，らしい《krâmaŋ (กระมัง) の口語形》

275 予測する

คาดหมาย

A: **คุณ ยามาตะ จะ ได้ เลื่อน ตำแหน่ง ขึ้น ดัง ที่ คาดหมาย**
khun Yamada ca dây lûan tamnɛ̀ŋ khûn daŋ thîi khâatmǎay

B*: **งั้น เหรอ คะ**
ŋán lə̌ khá

A: 山田さんは予想どおり昇進するよ。
B: そうなんですか。

 tamnɛ̀ŋ [タムネング] 地位，役職　daŋ thîi khâatmǎay [ダングティーカートマーイ] 予想したように，予測どおり《khâatmǎay [カートマーイ] 予測する，予想する》

276 推測する

สันนิษฐาน

A*: **เท็จจริง ยังไง ทราบ หรือยัง คะ**
thétciŋ yaŋŋay sâap rúyaŋ khá

B: **ยัง ไม่ มี ข้อมูล ก็ เลย เพียง แต่ สันนิษฐาน เท่านั้น**
yaŋ mây mii khɔ̂ɔmuun kɔ̂ ləəy phiaŋ tɛ̀ɛ sǎnnítthǎan thâwnán

---

A: 真偽はどうなってるか，もうご存知ですか？
B: まだデータがないので，推測しているだけです。

thétciŋ [テットヂィング] 真偽　phiaŋ tɛ̀ɛ ～ thâwnán [ピアングテー ～ タウナン] ～するのみ　sǎnnítthǎan [サンニターン] 推測 [憶測] する

277 つまり
🎧 คือ

A: คุณ อ่าน คันจิ คือ ตัวอักษร จีน ได้ บ้าง ไหม ครับ
khun àan khancì khuu tuaaksɔ̌ɔn ciin dây bâaŋ máy khráp

B*: ไม่ ได้ เลย ค่ะ   อ่าน ได้ แต่ หิรางานะ เท่านั้น
mây dây ləəy khâ àan dây tɛ̀ɛ hiraŋaana thâwnán

A: 漢字，つまり，中国の文字ですが，少しは読めますか？
B: 全然読めません，ひらがなだけしか読めません。

ポイント khuu [クー] つまり，すなわち　　　tuaaksɔ̌ɔn [トゥアアクソーン] 文字

278 言い換えれば
🎧 อีกนัยหนึ่ง

A: ตลาด หุ้น กำลัง ดี มาก เลย
talàat hûn kamlaŋ dii mâak ləəy

B*: อีก นัย หนึ่ง พี่ ก็ ได้ กำไร ใช่ ไหม
ìik nay nʉ̀ŋ phîi kɔ̂ dây kamray chây máy

A: 株式市場がいい調子なんだな。
B: 言い換えれば，兄さんも儲かってるわけよね。

ポイント talàat hûn [タラートフン] 株式市場　　ìik nay nʉ̀ŋ [イークナイヌング] 見方を変えると
dây kamray [ダイ ガムライ] 利益を得る

279 要するに［つまり］
🎧 หมายความว่า

A*: ต้อง ฝึก ให้ มาก กว่า นี้ นะ คะ
tɔ̂ŋ fʉ̀k hây mâak kwàa níi ná khá

B: หมายความ ว่า ยัง ไม่ เก่ง ใช่ ไหม ครับ
mǎaykhwaam wâa yaŋ mây kèŋ chây máy kháp

A: もっと練習しなくちゃいけませんよ。
B: 要するに，まだうまくないってことですよね。

ポイント fʉ̀k [フック] 練習する　　mǎaykhwaam wâa ~ [マーイクワームワー] ～という意味である，要する
に～だ

280　あなたの立場だったら
หากอยู่ในฐานะคุณ

A*: หาก อยู่ ใน ฐานะ คุณ ดิฉัน คง ลา ออก จาก บริษัท ค่ะ
hàak yùu nay thǎaná khun dichán khoŋ laaɔ̀ɔk càak bɔrisàt khâ

B: ผม ก็ อยาก ลา ออก เหมือนกัน แต่ ....
phǒm kɔ̂ yàak laa ɔ̀ɔk mǔankan tɛ̀ɛ

A: わたしがあなたの立場だったら，恐らく会社を辞めてます。
B: わたしだって辞めたいんですがねぇ…。

thǎaná [ターナ] 地位，身分，立場　　laa ɔ̀ɔk [ラーオーク] 辞める

281　わたしがあなただったら
สมมุติว่าผม/ดิฉันเป็นคุณ

A*: ตัดสินใจ ไม่ ถูก　ทำ ไง ดี
tàtsǐncay mây thùuk　tham ŋay dii

B: สมมุติว่า ผม เป็น คุณ　จะ ไป ปรึกษา กับ อาจารย์
sǒmmút wâa phǒm pen khun　ca pay prùksǎa ka aacaan

A: 決断できないわ，どうしたらいいかしら。
B: ぼくがきみだったら，先生に相談するよな。

tàtsǐncay [タットシンヂャイ] 決心する，決断する　　tham ŋay dii [タム・ンガイディー] どうすればいいか　　sǒmmút [ソムムット] 仮定する　　prùksǎa [プルクサー] 相談する

282　同じ状況に置かれたら
หากอยู่ในสถานการณ์เดียวกัน

A: ขอ คำแนะนำ ได้ ไหม ครับ
khɔ̌ɔ khamnέnam dây máy khráp

B*: หาก อยู่ ใน สถานการณ์ เดียวกัน กับ คุณ　ดิฉัน จะ ไป หา ทนายความ ค่ะ
hàak yùu nay sathǎanákaan diawkan kàp khun　dichán ca pay hǎa thanaaykhwaam khâ

A: アドバイスいただけますか？
B: あなたと同じ状況に置かれたら，わたしは弁護士のところに行きます。

khamnέnam [カムネッナム] アドバイス　　sathǎanákaan [サターナガーン] 状況
thanaaykhwaam [タナーイクワーム] 弁護士

283 ところで～のことだが
ว่าแต่ ~

A: ว่าแต่ คุณ เถอะ ทำไม ถึง เรียน ภาษา ไทย อยู่ ครับ
wâa tὲε khun thə̌ thammay thʉ̌ŋ rian phaasǎa thay yùu kháp

B*: ก็ ชอบ ไป เที่ยว เมืองไทย สิ คะ
kɔ̂ chɔ̂ɔp pay thîaw mʉaŋthay sì khá

A: ところであなたのことですが，どうしてまたタイ語を習っているんですか？
B: え～と，タイに遊びに行くのが好きだからですよ。

 wâa tὲε [ワーテー] ところで～ thə̌ [タ]《語気助詞》よ
kɔ̂ [コ]《次の言葉を探して》「え～と」「あの～」に近い表現

284 実は
ที่จริง

A: เสียใจ นะ สมหวัง จะ ไม่ ไป กับ พวกเรา
sǐacay ná Sǒmwǎŋ ca mây pay kàp phûakraw

B*: ที่ จริง เขา ไม่ มี เงิน
thîiciŋ kháw mây mii ŋən

A: 残念だな，ソムワンがぼくたちと一緒に行かないんだ。
B: 実は彼，お金がないの。

sǐacay [シアヂャイ] 残念だ，遺憾だ kàp [ガップ] ～と（一緒に） thîiciŋ [ティヂゲ] 実は，ほんとうは

285 補足させてください
ขอเสริมหน่อย

A: ทุก ท่าน ครับ สรุป แผนบริหาร ใหม่ หรือยัง ครับ
thúk thân khráp sarùp phɛ̌ɛnbɔríhǎan mày rʉ́yaŋ khráp

B*: เดี๋ยวก่อน ค่ะ ขอ เสริม หน่อย ได้ ไหม คะ
dǐawkɔ̀ɔn khâ khɔ̌ɔ sə̌əm nɔ̀y dây máy khá

A: みなさん，新しい経営計画をもうまとめますか？
B: ちょっと待ってください，少し補足させていただけますか？

sarùp [サルップ] まとめる，結論を出す phɛ̌ɛn [ペーン] 計画，方策 bɔríhǎan [ボリハーン] 管理［施行／経営］する dǐawkɔ̀ɔn [ディアウ ゴーン] ちょっと待って sə̌əm [スーム] 付け足す

IV 意思を伝える

286 結局
ในที่สุด

A: ถกเถียง กัน อย่าง เผ็ดร้อน นาน พอสมควร แล้ว
thòkthǐaŋ kan yàaŋ phètrɔ́ɔn naan phɔɔsǒmkhuan lɛ́ɛw

B*: ใน ที่ สุด ดิฉัน ก็ ตกลง ค่ะ
nay thîi sùt dìchán kɔ̂ tòkloŋ khâ

A: もう十分な時間, 議論を戦わせてきました。
B: 結局, わたしも同意します。

ポイント thòkthǐaŋ [トックティアング] 議論 [口論] する　yàaŋ phètrɔ́ɔn [ヤーングペットローン] 激しい, 熱い　phɔɔsǒmkhuan [ポーソムクアン] 適度な, 然るべき　lɛ́ɛw [レーウ] すでに
nay thîi sùt [ナイティースット] ついに, 結局　tòkloŋ [トックロン] 同意 [合意／承諾] する

287 まとめる
ขอสรุป

A*: ยุ่งยาก จัง ไม่ รู้ จะ ตกลง กับ ข้อเสนอ ไหน ดี
yûŋyâak caŋ mây rúu ca tòkloŋ kàp khɔ̂ɔsanǒə nǎy dii

B: ขอ สรุป ว่า คุณ ไม่ เข้าร่วม โครงการ นี้ ได้ ไหม ครับ
khɔ̌ɔ sarùp wâa khun mây khâwruâm khrooŋkaan níi dây máy khráp

A: すごくややこしいですね, どの提案に賛成していいかわからないです。
B: あなたはこのプロジェクトには参加しないということでよろしいですか?

ポイント khɔ̂ɔsanǒə [コーサヌーэ] 提案　sarùp [サルップ] まとめる, 要約する, 結論する
wâa [ワー]《関係代名詞》　khâwruâm [カウルアム] 参加する
khrooŋkaan [クローンガーン] プロジェクト

288 以上で終わります
ขอจบเท่านี้

A*: รบกวน เวลา นาน มาก แล้ว ขอ จบ เท่านี้ ค่ะ
rópkuan weelaa naan mâak lɛ́ɛw khɔ̌ɔ còp thâwníi khâ

B: ขอ ขอบ คุณ มาก ครับ ได้ ความรู้ ใหม่ๆ มาก เลย ครับ
khɔ̌ɔ khɔ̀ɔpkhun mâak khráp dây khwaamrúu màymày mâak ləəy khráp

A: だいぶお時間をとらせました, この辺で終わりにします。
B: ありがとうございました。新しい知識をいただきました。

ポイント rópkuan [ロブグアン] 邪魔する, 迷惑をかける　còp [ヂョップ] 終わる, 終える

บทสนทนาในชีวิตประจำวัน

誘う・申し出る

289 よーっし

🎧 เอาล่ะ

A: เอา ล่ะ   ยก พร้อม กัน นะ
aw lâ yók phrɔ́ɔm kan ná

B*: โอเค
ookhee

A: よーっし，一緒に持ち上げるんだぞ。
B: オーケー。

 aw lâ [アウラ] よ〜し，さあ，いいか   yók [ヨック] 持ち上げる
phrɔ́ɔm kan [プロームガン] 同時に，一緒に

290 立ち上がりなさい

🎧 ลุกขึ้นเถอะ

A: ลุก ขึ้น เถอะ   ออก ไป วิ่ง สนาม ๓ รอบ ซิ จ๊ะ
lúk khûn thə̀ ʔɔ̀ɔk pay wîŋ sanǎam sǎam rɔ̂ɔp sí cá

B*: คุณ ครู ขา   ฝน เริ่ม ตก ค่ะ
khun khruu khǎa fǒn rə̂əm tòk khâ

A: 立ちなさい。外へ出て校庭を３周していらっしゃい〜。
B: 先生〜，雨が降り始めました。

ポイント lúk khûn [ルッククン] 立ち上がる，起き上がる   câ, cá [ヂャ] 年下の相手に [カ] [クラップ] の代わりに使う   khǎa [カー] 女性の丁寧な呼びかけ・応答   rə̂əm ~ [ルーム] 〜し始める
tòk [トック] 降る

291 10分休憩にします

🎧 พัก๑๐นาที

A*: พัก ๑๐ นาที ค่ะ
phák sìp naathii khâ

B: ขอโทษ ครับ   สูบ บุหรี่ ได้ ที่ไหน ครับ
khɔ̌ɔthôot khráp sùup burìi dây thîinǎy khráp

A: 10分休憩にします。
B: すみませんが，タバコはどこで吸えますか？

 phák [パック] 休む，休憩する，泊まる   sùup burìi [スープブリー] タバコを吸う

292

~しませんか?
~ กันไหม

A: ไป ดู หนัง กัน ไหม
　pay duu năŋ kan máy

B*: ดู หนัง เรื่อง อะไร คะ
　duu năŋ rûaŋ aray khá

- -

　A: 映画, 観に行かない?
　B: 何の映画を観るの?

ポイント kan [ガン] 動詞の後につけて, その動作を複数の人がすることを表す語であるため, 誘う表現で使う。　duu năŋ [ドゥーナング] 映画を観る　rûaŋ [ルアング] 映画の類別詞

293

~しよう
~ กันเถอะ

A: ออก ไป เดิน เล่น กัน เถอะ
　ɔ̀ɔk pay dəən lên kan thə̀

B*: กำลัง ปวด หัว　ไป คน เดียว สิ
　kamlaŋ pùat hŭa　pay khon diaw sì

- -

　A: 散歩に行こうよ。
　B: 今, 頭が痛いの, 一人で行ってよ。

ポイント dəən lên [ドゥーンレン] 散歩する　pùat hŭa [プアットフア] 頭が痛い, 頭痛がする
khon diaw [コンディアウ] 一人で

Ⅴ 誘う・申し出る

294

~に誘いたい
อยากจะชวน

A: อยาก จะ ชวน ไป ชม วิว ที่ สกายทรี ครับ
　yàak ca chuan pay chom wiw thîi Sakaaythrii khráp

B*: อ้อ ยินดี มาก เลย ค่ะ
　ɔ̂ɔ yindii mâak ləəy khâ

- -

　A: 景色を見にスカイツリーにお誘いしたいですが。
　B: まあ, うれしいです。

ポイント chuan [チュアン] 誘う　chom wiw [チョムウィウ] 景色を眺める

5-03. 予定を尋ねる

☐ 295　～はあいてる？
～ ว่างหรือเปล่า

A: เสาร์อาทิตย์ นี้ ว่าง หรือเปล่า
săw-aathít nii wâaŋ rúplàaw

B*: ไม่ ว่าง ทำไม ล่ะ
mây wâaŋ thammay lâ

A: 今週の土日はあいてる？
B: あいてないわ, どうして？

ポイント　săw-aathít [サウアティット] 土日　　wâaŋ [ワーング] 暇, あいている

☐ 296　時間ありますか？
มี เวลา ไหม

A: อาทิตย์ หน้า มี เวลา ไหม ครับ
aathít nâa mii weelaa máy khráp

B*: มี ค่ะ เรื่อง ประชุม เหรอ คะ
mii khâ rûaŋ prachum lǎ khá

A: 来週, 時間ありますか？
B: あります。会議の件ですか？

ポイント　rûaŋ prachum [ルアング グプラチュム] 会議の件

☐ 297　何か予定ある？
มีโปรแกรมอะไรหรือเปล่า

A: เย็น พรุ่งนี้ มี โปรแกรม อะไร หรือเปล่า
yen phrûŋníi mii prookrɛɛm aray rúplàaw

B*: จะ ไป ฟัง เพลง ไอซ์
ca pay faŋ phleeŋ áy

A: 明日の夕方, 何か予定ある？
B: アイスのコンサートに行くの。

ポイント　prookrɛɛm [プログレーム] プログラム, 予定, プラン
faŋ phleeŋ [ファングプレーング] 歌を聴く　　áy [アイ] アイス〈歌手の名前〉

298

おごるよ
จะเลี้ยง

A: ไป กิน อาหาร ญี่ปุ่น กัน ไหม　　จะ เลี้ยง
　pay kin ahǎan yîipùn kan máy　ca líaŋ

B*: ไป ซิ คะ　　ดีใจ จัง
　pay sí khá　diicay caŋ

- -

　A: 日本料理食べに行かないか？　おごるよ。
　B: 行く，行く。うれしい〜。

ポイント líaŋ [リアング] ごちそうする，養う，（ペットなど）飼う
sí [シ] または sii [シー]：語気助詞で，ここでは「もちろん」というニュアンス

 299

わたしが払う
ผมจ่าย

A: มื้อ นี้ ผม จ่าย　　อย่า เลย
　múu níi phǒm càay　yàa ləəy

B*: ขอบคุณ ค่ะ　　พี่ จ่าย เรื่อย ก็ เกรงใจ
　khɔ̀ɔpkhun khâ　phîi càay rûay kɔ̂ kreeŋcay

- -

　A: ここは僕が払う，払わないで。
　B: ありがとうございます。いつも払ってくださるから気兼ねで。

 múu [ムー] 食事の類別詞　　yàa (càay) ləəy：「払う」（จ่าย càay）という単語が省略されている　　kreeŋcay [グレングヂャイ] 遠慮する

 300

わたしがごちそうします
ผม/ดิฉันจะเป็นเจ้าภาพ

A: วันนี้ ผม จะ เป็น เจ้าภาพ ทาน ให้ เยอะเยอะ นะ ครับ
　wanníi phǒm ca pen câwphâap thaan hây yə́yə́ ná khráp

B*: ยินดี ที่ ได้ รับ เชิญ ค่ะ　　อาหาร น่า อร่อย จัง ค่ะ
　yindii thîi dây ráp chəən khâ　ahǎan nâa-arɔ̀y caŋ khâ

- -

　A: 今日はわたしがホストですから，たくさん召し上がってくださいよ。
　B: お招きありがとうございます。おいしそうですね。

ポイント câwphâap [ヂャウパープ] ホスト，主催者
ráp chəən [ラップチューン] 招かれる《ráp [ラップ]（受ける）をつけて受け身形になっている》
nâa-arɔ̀y [ナーアロイ] おいしそう

V 誘う・申し出る

□ 301

〜を手伝おうか？
ช่วย ~ ไหม

A: แม่　ช่วย ล้าง ชาม ไหม
mêɛ　chûay láaŋ chaam máy

B*: ขอบใจ จ้ะ　เอา จาน ที่ ล้าง เสร็จ ไป เก็บ หน่อย สิ
khɔ̀ɔpcay câ　aw caan thîi láaŋ sèt pay kèp nɔ̀y sì

A: お母さん，お皿洗うの手伝おうか？
B: ありがとう，洗い終わったお皿をしまってちょうだい。

ポイント láaŋ [ラーング] 洗う　chaam [チャーム] 椀，茶碗
caan [ヂャーン] 皿　~ sèt [セット] 〜し終える　kèp [ゲップ] しまう，かたづける

□ 302

手伝おうか？
จะช่วยไหม

A: จะ ช่วย ไหม
ca chûay máy

B*: ไม่ ต้อง　เกือบ เสร็จ แล้ว
mây tɔ̂ŋ　kùap sèt lɛ́ɛw

A: 手伝おうか？
B: いいわ，ほとんど終わりそうよ。

ポイント mây tɔ̂ŋ [マイトング] 必要ない　kùap [グアップ] ほとんど，ほぼ

□ 303

〜して差し上げましょうか？
ช่วย ~ ให้ไหม

A: ช่วย ยก กระเป๋า ให้ ไหม ครับ
chûay yók krapǎw hây máy khráp

B*: ขอบคุณ มาก ค่ะ　หนัก มาก นะ คะ
khɔ̀ɔpkhun mâak khâ　nàk mâak ná khá

A: カバン持ち上げて差し上げましょうか？
B: ありがとうございます。とても重いですよ。

ポイント yók [ヨック] 持ち上げる　nàk [ナック] 重い；強い，きつい　＊「軽い」は เบา [baw バウ]。

304 何をしたらいい？
じゃ ทำอะไรดี

A*: จะ ช่วย ค่ะ　จะ ทำ อะไร ดี คะ
ca chûay khâ　ca tham aray dii khá

B: ตอนนี้ ไม่ ต้อง　ถ้า ต้องการ แล้ว ค่อย บอก
tɔɔnníi mây tɔ̂ŋ　thâa tɔ̂ŋkaan lέεw khɔ̂y bɔ̀ɔk

A: 手伝うわ，何をしたらいい？
B: 今はいい，必要になったら言うよ。

ポイント tɔ̂ŋkaan [トングカーン] 必要とする，欲する　lέεw khɔ̂y [レーウコイ] ～してから，それから～

305 何かわたしがやることある？
มีอะไรให้ผม/ดิฉันทำไหม

A: มี อะไร ให้ ผม ทำ ไหม
mii aray hây phǒm tham máy

B*: เชิญ นั่ง กิน เบียร์ ก่อน ซิ คะ
chəən nâŋ kin bia kɔ̀ɔn sí khá

A: 何か僕がすることある？
B: まずは座って，ビール飲んでいらしてよ。

ポイント nâŋ [ナング] 座る　kin bia [ギンビア] ビールを飲む

306 何をしたらよろしいですか？
ต้องการให้ผม/ดิฉันทำอะไร

A: ท่าน หัวหน้า (แผนก) ครับ　ต้องการ ให้ ผม ทำ อะไร ครับ
thân hǔanâa (phanὲεk) khráp　tɔ̂ŋkaan hây phǒm tham aray khráp

B*: ช่วย เอา เอกสาร นี้ ไป ให้ ท่าน ผ.อ. ได้ ไหม
chûay aw èekkasǎan níi pay hây thân phɔɔ-ɔɔ dây máy

A: 課長さん，何をしたらよろしいですか？
B: この資料を部長のところへ持って行ってくれる？

ポイント hǔanâa (phanὲεk) [フアナー (パネーク)] 課長　tɔ̂ŋkaan [トングカーン]：ヤーク [yàak (อยาก)]（～したい）の婉曲な言い方　aw ~ pay [アウ～パイ] ～を持って行く　phɔɔ-ɔɔ [ポーオー]《phûuamnuaykaan [プーアムヌアイガーン] の略》部長《官公庁》，所長，校長

307 任せてください
เชื่อใจผม/ดิฉัน

A*: ใคร ไป ซื้อ ขนมเค้ก สำหรับ วันเกิด มิชิโกะ
khray pay súu khanǒmkhéek sǎmràp wankòət Michiko

B: ผม ไป รู้จัก ร้าน อร่อย เชื่อใจ ผม เถอะ
phǒm pay rúucàk ráanaròy chûacay phǒm thò

A: みち子のバースデーケーキ，誰が買いに行く？
B: 僕が行く，おいしい店知ってるから信用して。

 khanǒmkhéek [カノムケーク] ケーキ　　chûacay [チュアチャイ] 信じる，信用する

308 わたしにやらせて
ให้ผม/ดิฉันทำ

A: ขี้เกียจ ถ่าย เอกสาร นะ มี เยอะ เหลือเกิน
khîikiat thàay èekkasǎan ná mii yó lǔa kəən

B*: ให้ ดิฉัน ทำ ค่ะ เดี๋ยว ทำ ให้
hây dichán tham khâ dǐaw tham hây

A: コピーとるのめんどうだなあ，書類が多すぎる。
B: わたしにやらせてください，すぐやってあげますよ。

khîikiat [キーギアット] 怠ける，めんどう　　thàay èekkasǎan [ターイエーカサーン] 書類のコピーをとる　　hây [ハイ] 〜させる：〜してあげる

309 わたしがやります
ผม/ดิฉันทำ

A: ผม ใช้ อินเทอร์เน็ต ไม่ ค่อย เก่ง
phǒm cháy inthəənet mây khôy kèŋ

B*: ดิฉัน ทำ ค่ะ ค้น ข้อมูล ที่ อินเทอร์เน็ต บ่อย อยู่ แล้ว
dichán tham khâ khón khôomuun thîi inthəənet bòy yùu lέεw

A: インターネットはあまりうまく使えないんだ。
B: わたしがやります。しょっちゅうネットで検索してますから。

cháy [チャイ] 使う　　mây khôy [マイコイ] あまり〜ない　　kèŋ [ゲング] うまい　　khón [コン] 検索する　　khôomuun [コームーン] データ，情報　　bòy [ボイ] しばしば，しょっちゅう，よく

310 喜んで
ยินดีครับ/ค่ะ

A: ไป เที่ยว สวนสามพราน กัน ไหม ครับ
pay thîaw sǔansǎamphraan kan máy khráp

B*: ยินดี ค่ะ นึก อยาก ไป อยู่ แล้ว น่ะ ค่ะ
yindii khâ núk yàak pay yùu lɛ́ɛw nâ khâ

A: ローズガーデンに遊びに行きませんか？
B: 喜んで。行きたいと思っていたところなんです。

ポイント sǔansǎamphraan [スアンサームプラーン] ローズガーデン　núk yàak ~ [ヌックヤーク] 〜したいと思う
~ yùu lɛ́ɛw [ユーレーウ] もともと〜，前から〜，ずっと〜

311 行くよ
ไปซี่

A*: วันเสาร์ นี้ ไป ดู ฟุตบอล กัน ไหม คะ
wansǎw níi pay duu fútbɔɔn kan máy khá

B: ไป ซี่
pay sii

A: 今週の土曜日，サッカーに見行かない？
B: もちろん行くよ。

ポイント fútbɔɔn [フットボーン] サッカー　sii [シー]　この語気助詞が「もちろん」というニュアンスを
出している

312 光栄です
รู้สึกเป็นเกียรติ

A: ขอเชิญ เข้าร่วม ใน พิธี ครบรอบ ๕๐ ปี ของ บริษัท เรา ครับ
khɔ̌ɔchəən khâwrûam nay phíthii khrópprɔ́ɔp 50 pii khɔ̌ɔŋ bɔrisàt raw khráp

B*: ขอบคุณ ค่ะ รู้สึก เป็น เกียรติ ที่ ได้ รับ เชิญ ค่ะ
khɔ̀ɔp khun khâ rúusùk pen kiat thîi dây ráp chəən khâ

A: わが社の 50 周年記念式典にお招きしたいのですが。
B: ありがとうございます。お招き光栄に存じます。

ポイント khɔ̌ɔchəən [コーチューン] お招ねきする《「招く」の丁寧形》　khâwrûam [カウルアム] 参加する
phíthii [ピティー] 式，式典　rúusùk pen kiat [ルースクペンギアット] 名誉に思う，光栄に思う
ráp chəən [ラップ チューン] 招待を受ける，招待される

□313 いる ［受け入れる］
 เอาสิครับ/ค่ะ

A*: แบตเตอรี่ หมด
bèttərii mòt

B: ขา กลับ ซื้อ มา ให้ เอา ไหม
khǎa klàp súu maa hây aw máy

A*: เอา สิ คะ
aw sì khá

A: 電池がなくなったわ。
B: 帰りに買ってきてあげるよ，いる？
A: お願いします。

bèttərii ［バッテリー］電池　　mòt ［モット］なくなる，尽きる　　khǎa klàp ［カークラップ］復路，帰り　　aw ［アウ］いる《品物に対して「いる」という場合と，買ってくるということに対して「オーケー」の意味にもなる》

□314 助かります
 ช่วยมาก

A: พี่ ครับ ผม จะ ช่วย ซ่อม เครื่องเย็บ ให้
phîi khráp phǒm ca chûay sɔ̂ɔm khrûaŋyép hây

B*: แหม ขอบใจ นะ ช่วย พี่ มาก
mɛ̌ɛ khɔ̀ɔpcay ná chûay phîi mâak

A: 姉さん，ぼくがミシンの修理してあげるよ。
B: まあ，ありがとう。助かるわ〜。

sɔ̂ɔm ［ソーム］修理する　　khrûaŋyép ［クルアングイェップ］ミシン

□315 感謝します
 ขอบคุณมาก

A: พรุ่งนี้ ตอน ๙ โมง เช้า จะ มา รับ ที่ ล็อบบี้ ครับ
phrûŋnii tɔɔn kâw mooŋ cháaw ca maa ráp thii lɔ́pbii khráp

B*: ขอบคุณ มาก ค่ะ ที่ สละ เวลา ให้
khɔ̀ɔp khun mâak khâ thii salà weelaa hây

A: 明日朝9時ごろロビーにお迎えに参ります。
B: お時間を割いていただいて感謝します。

salà weelaa ［サラウェーラー］時間を割く

□ 316 がんばる
🎧 สู้ตาย

A*: วันอาทิตย์ ที่ จะ ถึง นี้ มี การแข่ง มวย ใช่ ไหม คะ
wanathít thîi ca thǔŋ níi mii kaankhὲŋ muay châ̂y máy khá

B: ใช่ ผม สู้ตาย
châ̂y phǒm sûutaay

A: 今度の日曜はムエタイの試合があるんでしょう？
B: そうなんだ，絶対がんばるよ。

> **ポイント** kaankhὲŋ [ガーンケング] 試合　muay [ムアイ] ムエタイ
> sûutaay [スーターイ] 死ぬほど闘う，がんばる

□ 317 できる限りのことをする
🎧 พยายาม ~ เท่าที่จะทำได้

A*: สมชัย ตก งาน แล้ว ช่วย หา งาน ให้ เขา หน่อย ซิ
Sǒmchay tòk ŋaan lɛ́ɛw chûay hǎa ŋaan hây kháw nɔ̀y sí

B: ได้ ข่าว แล้ว ก็ พยายาม จะ ช่วย เท่า ที่ จะ ทำ ได้
dây khàaw lɛ́ɛw kɔ̂ phayayaam ca chûay thâw thîi ca tham dây

A: ソムチャイが失業したの，仕事探してあげてよ。
B: 知ってるよ。できる限りお手伝いするよ。

> **ポイント** tòk ŋaan [トック・ンガーン] 失業する　chûay [チュアイ] 助ける，手伝う　phayayaam [パヤヤーム] 努力する　thâw thîi ca tham dây [タウティチャタムダイ] できる限りする

□ 318 試してみる
🎧 จะทดลอง ~

A*: ไป ฝึก โยคะ ด้วยกัน ไหม สบาย ขึ้น มาก ค่ะ
pay fùk yookhá dûaykan máy sabaay khûn mâak khâ

B: งั้น เหรอ จะ ทดลอง ฝึก ก็ ดี เหมือนกัน นะ
ŋán lə̌ə ca thótlɔɔŋ fùk kɔ̂ dii mǔankan ná

A: 一緒にヨガに行かない？　すごく気持ちよくなるわよ。
B: へえ～，そうなんだ，試してみるのもいいな。

> **ポイント** fùk [フック] 練習する　yookhá [ヨーカ] ヨガ　thótlɔɔŋ [トットロング] 試す

5-11. 構わない

319 問題ない

ไม่มีปัญหา

A*: ค่า ห้อง ใช้ การ์ด จ่าย ได้ ไหม คะ
khâa hɔ̂ŋ cháy káat càay dây máy khá

B: ได้ ครับ ไม่ มี ปัญหา ครับ
dây khráp mây mii panhǎa khráp

A: お部屋代，カードで払っていいですか？
B: いいですよ，問題ありません。

ポイント càay [チャーイ] 支払う　panhǎa [パンハー] 問題

320 〜でもいい
ก็ได้

A*: เสียใจ ค่ะ สีน้ำเงิน หมด แล้ว มี แต่ สีน้ำตาล ค่ะ
sǐacay khâ sǐinámŋɤn mòt lɛ́ɛw mii tɛ̀ɛ sǐinámtaan khâ

B: สีน้ำตาล ก็ ได้ ลอง ใส่ ได้ ไหม
sǐinámtaan kɔ̂ dây lɔɔŋ sày dây máy

A: すみませんが，ダークブルーはもうなくなってブラウンだけです。
B: ブラウンでもいいよ。試着できる？

ポイント sǐinámŋɤn [シーナム・ングン] 紺色，ダークブルー　mii tɛ̀ɛ 〜 [ミーテー] 〜しかない，〜のみある
sǐinámtaan [シーナムターン] ブラウン，茶色　〜 kɔ̂ dây [ゴダイ] 〜でもいい
lɔɔŋ sày [ローングサイ] 試着する

321 異議なし
ไม่ ขัดข้อง

A*: ต่อ ไป นี้ ห้าม สูบ บุหรี่ ใน ออฟฟิศ จะ ดี ไหม คะ
tɔ̀ɔ pay níi hâam sùup burìi nay ɔɔfít ca dii máy khá

B: ดี ครับ ไม่ ขัดข้อง
dii khráp mây khàt khɔ́ŋ

A: 今後オフィス内は禁煙にするのはどうでしょう？
B: いいですね，異議なしです。

ポイント tɔ̀ɔ pay níi [トーパイニー] これから，今後　hâam [ハーム] 禁ずる
khàt khɔ́ŋ [カットコング] 異議がある

112

□ 322

ありがとう，でも～

ขอบคุณ ~ แต่

A: วัน คริสต์มาส นี้ เชิญ มา งานเลี้ยง ที่ บ้าน ครับ
　wan khrítsamâat níi chəən maa ŋaanlíaŋ thîi bâan khráp

B*: แหม ขอบคุณ มาก ค่ะ　แต่ ช่วง คริสต์มาส ดิฉัน กลับ ญี่ปุ่น ค่ะ
　mɛ̌ɛ khɔ̀ɔpkhun mâak khâ　tɛ̀ɛ chûaŋ khrítsamâat dichán klàp yîipùn khâ

A: クリスマスには我が家のパーティーにいらしてください。
B: まあ，ありがとうございます。でもクリスマスの頃は日本に帰国してます。

ポイント　ŋaanlíaŋ [ンガーンリアング] パーティー，宴会　　chûaŋ [チュアング] ～の時期，～の頃

□ 323

残念ですが～

เสียใจแต่ ~

A: ทุก คน ไป กิน เบียร์ กัน นะ　ไป กัน เถอะ
　thúk khon pay kin bia kan ná　pay kan thə̀

B*: อ้าว เสียใจ จัง　แต่ งาน นี้ ต้อง ให้ เสร็จ ใน วันนี้ นะ
　âaw sǐacay caŋ　tɛ̀ɛ ŋaan níi tɔ̂ŋ hây sèt nay wanníi ná

A: みんなビール飲みに出かけるよ，一緒に行こうよ。
B: あ～ら残念～，でもこの仕事，今日中に終わらせないといけないんです。

ポイント　thə̀ [タッ] ～しよう　　sǐacay [シアヂャイ] 残念，遺憾
caŋ [ヂャング] すごく 《口語》　　hây sèt [ハイセット] 終わらせる

V 誘う・申し出る

□ 324

少し考えさせてください

ขอคิดดูก่อน

A*: ตกลง จะ นำ เข้า ไหม คะ　นี่ คุณภาพ ดี ที่สุด
　tòkloŋ ca nam khâw máy khá　nîi khunaphâap dii thîisùt

B: ขอ คิด ดู ก่อน ครับ　จะ ปรึกษา กับ ผู้จัดการ
　khɔ̌ɔ khít duu kɔ̀ɔn khráp　ca prʉ́ksǎa ka phûucàtkaan

A: 輸入することになさいますか？　これは品質が最高ですよ。
B: 少し考えさせてください。マネージャーと相談します。

ポイント　nam khâw [ナムカウ] 輸入する，持ち込む　　khunaphâap [クナパープ] 品質
khít duu [キットドゥー] 考えてみる　　prʉ́ksǎa [プルクサー] 相談する

□ 325　いりません
ไม่เอา

A*: เอา ข้าว อีก หน่อย ไหม คะ
aw khâaw ìik nɔ̀y máy khá

B: ไม่ เอา อิ่ม แล้ว
mây aw ìm lɛ́ɛw

A: ご飯もう少しいりますか？
B: いらない，もう腹いっぱいだ。

　ìik nɔ̀y [イークノイ] もう少し，あと少し　　aw [アウ] いる，とる
ìm [イム] 満腹だ，腹いっぱいだ

□ 326　かまわないでくれる？
อย่ายุ่งได้ไหม

A: หน้าบึ้ง ทำไม ไป เต้น รำ กัน เถอะ เดี๋ยว ก็ สนุก
nâabûŋ thammay pay tên ram kan thə̀ dǐaw kɔ̂ snùk

B*: อย่า ยุ่ง ได้ ไหม ไม่ มี อารมณ์ จะ เต้น รำ เลย
yàa yûŋ dây máy mây mii aarom ca tên ram ləəy

A: 仏頂面してどうしたの？　ダンスしに行こうよ，じき楽しくなるから。
B: かまわないでくれる？　ダンスする気分じゃないわ。

nâabûŋ [ナーブング] 仏頂面，不機嫌な顔　　tên ram [テンラム] ダンスする
yàa yûŋ [ヤーユング] 煩わせないように，かまわないでくれ　　aarom [アロム] 気分，機嫌

□ 327　だいじょうぶです
ไม่เป็นไร

A: ดึก แล้ว นะ ครับ จะ ขับ รถ ไป ส่ง
dùk lɛ́ɛw ná kháp ca khàp rót pay sòŋ

B*: ไม่เป็นไร ค่ะ ไม่ ต้อง ค่ะ ขับ รถ มา เอง
mây pen ray khâ mây tɔ̂ŋ khâ khàp rót maa eeŋ

A: もう遅いですから車でお送りします。
B: だいじょうぶです，必要ないです。自分で運転してきました。

dùk [ドゥック] 夜分遅い　　khàp rót [カップロット] 車を運転する
pay sòŋ ~ [パイソング] ～を送って行く　　eeŋ [エーング] 自分で

328 また次回に

เอาไว้คราวหน้า

A: เย็น วันศุกร์ นี้ ไป ฟัง เพลง ไทย ป๊อป กัน ไหม
yen wansùk níi pay faŋ phleeŋ thay páp kan máy

B*: เสียใจ ค่ะ เผอิญ มี ธุระ จำเป็น เอา ไว้ คราว หน้า ได้ ไหม คะ
sǐacay khâ phaəən mii thúrá campen aw wáy khraaw nâa dây máy khá

A: 今週の金曜の夕方，タイポップスを聴きに行きませんか？
B: 残念です，たまたま用事があるの。次回にしてくださるかしら？

> **ポイント** phleeŋ [プレーング] 歌，曲 phaəən [パウーン] たまたま
> aw wáy khraaw nâa [アウワイ・クラーウナー] 次回に持ちこす

329 来週の土曜日では？

วันเสาร์หน้าได้ไหม

A: วันเสาร์ นี้ ไป เที่ยว คามากูระ ไป ด้วยกัน ไหม ครับ
wansǎw ní pay thîaw Kamakura pay dûaykan máy khráp

B*: วันเสาร์ หน้า ได้ ไหม คะ เสาร์ นี้ ไม่ ว่าง
wansǎw nâa dây máy khá sǎw níi mây wâaŋ

A: 今週の土曜，鎌倉へ行く。一緒に行くかい？
B: 来週の土曜ではだめ？ 今週の土曜はあいてないの。

> **ポイント** dûaykan [ドゥアイガン] 一緒に wâaŋ [ワーング] あいている《空間，時間》

330 次の機会に〜

โอกาสหน้าค่อย ~

A: วันนี้ หมด เวลา แล้ว ประเด็น นี้ ยัง สรุป ไม่ ได้ เลย
wannníi mòt weelaa lέεw praden níi yaŋ sarùp mây dây ləəy

B*: โอกาส หน้า ค่อย ปรึกษาหารือ กัน ต่อ นะ คะ
ookàat nâa khɔ̂y prùksǎahǎaruu kan tɔ̀ɔ ná khá

A: 今日は時間切れです。この件はまだ結論がでません。
B: 次の機会に協議を続けましょう。

> **ポイント** mòt weelaa [モットウェラー] 時間切れ praden [プラデン] 論点，テーマ sarùp [サルップ] 結論を出す，まとめる ookàat [オーガート] 機会，チャンス prùksǎahǎaruu [プルクサーハールー] 相談する，協議する

□ 331　用事がある
มีธุระ

A*: พรุ่งนี้ จะ ไป ดู ภาพวาด จีน ที่ พิพิธภัณฑ์ อุเอะโน ไป ไหม คะ
phrûŋnii ca pay duu phâapwâat ciin thîi phíphítthaphan ùenoo pay máy khá

B: อยาก ไป เหมือนกัน แต่ พรุ่งนี้ มี ธุระ
yàak pay mǔankan tὲε phrûŋnii mii thúrá

A: 明日，上野の博物館に中国絵画を見に行くの。行く？
B: 行きたいところだけど，明日は用事があるんだ。

ポイント phâapwâat [パープワート] 絵画　　phíphítthaphan [ピピッタパン] 博物館

□ 332　予定がある
มีโปรแกรม

A: วันอาทิตย์ นี้ จะ ไป เที่ยว นครปฐม ไป ไหม
wanathít níi ca pay thîaw nákhɔɔnpathǒm pay mǎy

B*: วันอาทิตย์ นี้ มี โปรแกรม แล้ว ค่ะ ขอโทษ ค่ะ
wanathít níi mii prookrεεm lέεw khâ khɔ̌ɔthôot khâ

A: 今度の日曜，ナコンパトムへ遊びに行くんだ，行かない？
B: 今度の日曜はもう予定があります。すみません。

ポイント nákhɔɔnpathǒm [ナコーンパトム] ナコンパトム《地名，仏塔で有名》
prookrεεm [プローグレーム] 予定，計画

□ 333　先約がある
มีนัด

A: มะรืนนี้ ช่วงบ่าย ให้ ไป ดู โรงงาน ที่ สมุทรปราการ
maruunnii chûaŋbàay hây pay duu rooŋŋaan thîi samùtpraakaan

B*: มะรืนนี้ มี นัด กับ ลูกค้า ๒ ราย ค่ะ
maruunnii mii nát kàp lûukkháa sɔ̌ɔŋ raay khâ

A: 明後日の午後，サムットプラガーンの工場を見に行ってください。
B: 明後日はクライアント2件とアポイントがあります。

 ポイント samùtpraakaan [サムットプラガーン] 地名《バンコク近郊》　　nát [ナット] アポ（イント），予約
lûukkháa [ルークカー] 顧客，クライアント　　raay [ラーイ]《類別詞》〜件，〜人

---

334 急な用件ができて
เกิดเรื่องฉุกเฉิน

A: เกิด เรื่อง ฉุกเฉิน ที่ ออฟฟิศ นะ ครับ คง ไป ไม่ ทัน
kə̀ət rûaŋ chùkchə̌ən thîi ɔ́ɔfít ná kháp khoŋ pay mây than

B*: โอเค งั้น จะ ไม่ รอ นะ
ookhee ŋán ca mây rɔɔ ná

A: オフィスで急な用件ができたので，多分時間に間に合わない。
B: オーケー，じゃあ，待たないわ。

ポイント kə̀ət [グート] 起きる　rûaŋ chùkchə̌ən [ルアングチュクチューン] 緊急な用件

335 問題が起きて
เกิดปัญหา

A: เกิด ปัญหา ที่ บ้าน ขอ ตัว ก่อน นะ ครับ
kə̀ət panhǎa thîi bâan khɔ̌ɔ tua kɔ̀ɔn ná kháp

B*: เชิญ ค่ะ พรุ่งนี้ คุย ต่อ ก็ แล้ว กัน
chəən khâ prûŋníi khuy tɔ̀ɔ kɔ̂ lɛ́ɛw kan

A: 家で問題が起きまして，お先に失礼いたします。
B: どうぞ。明日また続きを話し合うことにしましょう。

ポイント panhǎa [パンハー] 問題　khɔ̌ɔ tua kɔ̀ɔn [コートゥアゴーン] お先に失礼させていただく
~ kɔ̂ lɛ́ɛw kan [ゴレウガン] ～でいい，～ということにしよう

336 事件が起きて
เกิดอุบัติเหตุขึ้น

A: เกิด อุบัติเหตุ รถบรรทุก ขึ้น ที่ สุขุมวิท รถ ก็ เลย ติด มาก นะ
kə̀ət ubàttihèet rótbanthúk khûn thîi sùkhǔmwít rót kɔ̂ ləəy tìt mâak ná

B*: งั้น ให้ ลูกๆ กิน ข้าว ก่อน นะ
ŋán hây lûuklûuk kin khâaw kɔ̀ɔn ná

A: スクムビットでトラックの事故が起きて，ひどい渋滞なんだ。
B: じゃあ，子どもたちに先にご飯を食べさせるわ。

ポイント ubàttihèet [ウバッティヘート] 事故　rótbanthúk [ロットバントゥック] トラック
sùkhǔmwít [スクムウィット] バンコク市内の通りの名前　kɔ̂ ləəy [ゴルーイ] ～それで

V 誘う・申し出る

337 忙しい
ยุ่ง

A*: บ่าย วันนี้ มี เวลา หรือเปล่า
bàay wanníi mii weelaa rúplàaw

B: บ่าย วันนี้ เหรอ ยุ่ง มาก ไม่ มี เวลา เลย
bàay wanníi lə̌ə yûŋ mâak mây mii weelaa ləəy

A: 今日の午後時間ある？
B: 今日の午後？　忙しいよ，全然時間ない。

ポイント bàay [バーイ] 午後　　yûŋ [ユング] 忙しい，煩わしい

338 予定がつまっている
มีคิวเต็ม

A*: ขอ พบ สัก ครั้ง ใน อาทิตย์ นี้ ค่ะ
khɔ̌ɔ phóp sàk khráŋ nay athít níi khâ

B: อาทิตย์ นี้ มี คิว เต็ม เอา ไว้ อาทิตย์ หน้า ได้ หรือเปล่า ครับ
athít níi mii khiw tem aw wáy athít nâa dây rúplàaw khráp

A: 今週中に 1 回は会っていただきたいです。
B: 今週は予定がつまっています。来週でいいですか？

ポイント sàk khráŋ [サッククラング] 1 回ほど　　khiw [キウ] 予定；順番待ち，行列
tem [テム] いっぱい　　aw wáy ~ [アウワイ] ～にまわす，～にする

339 なんやかやとやることがいっぱいある
มีอะไรต่ออะไรต้องทำเยอะ

A: แม่ วันอาทิตย์ พา ไป ที่ ดิสนีย์แลนด์ หน่อย
mɛ̂ɛ wanathít phaa pay thii disniileen nɔ̀y

B*: แม่ มี อะไร ต่อ อะไร ต้อง ทำ เยอะ บอก พ่อ สิ จ๊ะ
mɛ̂ɛ mii aray tɔ̀ɔ aray tɔ̂ŋ tham yá bɔ̀ɔk phɔ̂ɔ sì cá

A: お母さん，日曜日にディズニーランドに連れて行ってよ。
B: お母さんはなんやかやとやることがいっぱいあるの，お父さんに言いなさい。

ポイント aray tɔ̀ɔ aray [アライトーアライ] なにやかや，あれやこれや　　yá [ユッ] いっぱい《口語》

340 お金がない
ไม่มีตังค์ [สตางค์]

A: ไป เที่ยว เกาะสมุย กัน ไหม
pay thîaw kɔ̀ samǔy kan máy

B*: เดือน นี้ ไม่ มี ตังค์ ให้ ยืม หรือเปล่า
dɯan níi mây mii taŋ hây yɯɯm rɯ́plàaw

A: サムイ島に遊びに行かないかい？
B: 今月はお金がないの。貸してくれるの？

kɔ̀ [ゴッ] 島 　　taŋ [タング] お金《sataaŋ (**สตางค์**) [サターング] の省略形》
hây yɯɯm [ハイユーム] 貸す《「借りる」は，khɔ̌ɔ yɯɯm [コーユーム]》

341 お金がない
ไม่มีเงิน

A*: อยาก จะ ซ่อม ห้องครัว ฝาผนัง สกปรก แล้ว
yàak ca sɔ̂ɔm hɔ̂ŋkhrua fǎaphanǎŋ sòkkapròk lέεw

B: ตอนนี้ ไม่ มี เงิน น่ะซี ต้อง เก็บ เงิน ก่อน
tɔɔnníi mây mii ŋɤn nâsii tɔ̂ŋ kèp ŋɤn kɔɔn

A: キッチンを修理したいわ，壁が汚れてしまった。
B: 今はお金がないよ，まずお金を貯めなくちゃ。

sɔ̂ɔm [ソーム] 修理する　　hɔ̂ŋkhrua [ホングクルア] 台所
fǎaphanǎŋ [ファーパナング] 壁　　kèp ŋɤn [ゲップ・ングン] 貯金する

342 給料日前だ
เงินเดือนยังไม่ออก

A: เย็น นี้ ไป กิน เป็ด ปักกิ่ง กัน ดี ไหม
yenníi pay kin pèt pàkkiŋ kan dii máy

B*: เงินเดือน ยัง ไม่ ออก กระเป๋า แฟบ แล้ว
ŋɤndɯan yaŋ mây ɔ̀ɔk　kràpǎw fέεp lέεw

A: 今晩は北京ダック食べに行くのはどう？
B: まだ給料日前なのよ，お金が残ってないわ。

pèt pàkkiŋ [ペットパッキング] 北京ダック　　ŋɤndɯan [ングンドゥアン] 給料，月給
yaŋ mây ɔ̀ɔk [ヤングマイオーク] まだ出ない　　kràpǎw fέεp [グラッパウフェープ]《財布が薄っぺらい》
ふところがさびしい，残金が少ない

---

343 あまり興味がない
🎧 ไม่ค่อยสนใจ

A*: ไป ฟัง สัมนา ปัญหา โลก ร้อน ไหม คะ
pay faŋ sămmanaa panhăa lôok rɔ́ɔn máy khá

B: ไม่ ค่อย สนใจ หัวข้อ เช่นนี้ ครับ
mây khɔ̂y sŏncay hŭakhɔ̂ɔ chênníi khráp

A: 地球温暖化のセミナーに行きませんか？
B: そういうテーマはあまり興味ないんです。

📝 **ポイント** sămmanaa [サマナー] セミナー　　panhăa lôok rɔ́ɔn [パンハーロークローン] 地球温暖化問題
mây khɔ̂y ~ [マイコイ] あまり～でない　　sŏncay [ソンヂャイ] 興味を持つ，関心がある
hŭakhɔ̂ɔ [フアコー] テーマ

---

344 おもしろそうではない
🎧 ไม่น่าดู

A: ชอบ ดู หนัง น่ากลัว ไหม
chɔ̂ɔp duu năŋ nâaklua máy

B*: ไม่ ชอบ หรอก ค่ะ　น่ากลัว มาก　ไม่ น่าดู เลย
mây chɔ̂ɔp rɔ̀ɔk khâ　nâaklua mâak　mây nâaduu ləəy

A: スリラー映画は好きかい？
B: 好きじゃないわよ，とっても怖い。見たいようなものじゃないわ。

📝 **ポイント** năŋ nâaklua [ナングナーグルア] スリラー映画　　nâaduu [ナードゥー]《見るものについて》おもし
ろい，見ごたえがある，見るべき

---

345 ～する気になれない
🎧 ไม่มีอารมณ์จะ ~

A: คุณ คะโต เชิญ เรา ไป ทาน เลี้ยง ที่ บ้าน นะ
khun Kato chəən raw pay thaan líaŋ thîi bâan ná

B*: ปวด หัว ไม่ มี อารมณ์ จะ ไป ไหน　พี่ ไป คน เดียว เถอะ
pùat hŭa mây mii aarom ca pay năy　phîi pay khon diaw thə̀

A: 加藤さんが家にわたしたちを招待してくれてるよ。
B: 頭が痛くてどこへも行く気になれないわ。あなた一人で行ってよ。

📝 **ポイント** thaan líaŋ [ターンリアング] ごちそうになる　　pùat hŭa [プアット ファ] 頭が痛い，頭痛がする
mây mii aarom ca ~ [マイミーアーロムヂャ] ～する気分ではない　　phîi [ピー] 二人称《年上の相手》

□ 346 ひとりでいたい
🎧 อยากจะอยู่คนเดียว

A: นิตย์ มา นี่ ซี่ กิน เบียร์ ด้วยกัน รัตน์ ก็ มา แล้ว นะ
　 Nít maa nii sîi kin bia dûaykan Rát kô maa lɛ́ɛw ná

B*: อยาก จะ อยู่ คนเดียว ค่ะ ขอ โทษ ที นะ
　 yàak ca yùu khon diaw khâ khɔ̌ɔ thôot thii ná

A: ニットこっちへ来いよ，一緒にビール飲もう。ラットも来てるよ
B: ひとりでいたいの。ごめんね。

ポイント maa nii [マーニー] こっちへ来い　　khon diaw [コンディアウ] ひとりだけ
thôot thii [トートティー] ごめん

□ 347 ひとりにさせてください
🎧 ปล่อยให้อยู่คนเดียว

A: ไป กิน กาแฟ กัน เถอะ
　 pay kin kaafɛɛ kan thə̀

B*: ปล่อย ให้ อยู่ คนเดียว ได้ ไหม กำลัง เขียน รายงาน อยู่
　 plɔ̀y hây yùu khondiaw dây máy kamlaŋ khǐan raayŋaan yùu

A: コーヒーを飲みに行こう。
B: ひとりにさせておいてくださる？　レポート書いているところなの。

ポイント plɔ̀y [プロイ] ほっておく　　raayŋaan [ラーイ・ンガーン] 報告，レポート

□ 348 かまわないでくれ
🎧 อย่ามายุ่ง

A*: พี่ ทำไม ไม่ ลง มา กิน ข้าว ล่ะ
　 phîi thammay mây loŋ maa kin khâaw lâ

B: อย่า มา ยุ่ง กำลัง มี เรื่อง ปวดหัว
　 yàa maa yûŋ kamlaŋ mii rûaŋ pùathǔa

A: どうしてご飯に降りてこないの？
B: かまわないでくれよ，困ったことがあるんだ。

ポイント loŋ maa [ロングマー] 降りてくる（階上から）　　yûŋ [ユング] うるさい，わずらわしい
rûaŋ pùathǔa [ルアングプアットフア] 頭が痛くなるような件，困った話

V 誘う・申し出る

5-21. 飲み過ぎ

□ 349　飲み過ぎた
🎧　กิน [เหล้า] มากไปแล้ว

A: เอา ไวน์ อีก นิด สิ
aw waay ìik nít sì

B*: ไม่ เอา ไม่ ไหว ค่ะ กิน มาก ไป แล้ว
mây aw mây wǎy khâ kin mâak pay lɛ́ɛw

A: ワインもう少し飲んだら？
B: いらないわ，だめです。もう飲み過ぎたわ。

ポイント ìik nít [イークニット] もう少し　mây wǎy [マイワイ] ～できない，無理《肉体的に》
mâak pay [マークパイ] 多過ぎる

□ 350　酔ってしまった
🎧　เมาแล้ว

A*: ขับ รถ ส่ง ถึง บ้าน ได้ ไหม
khàp rót sòŋ thʉ̌ŋ bâan dây máy

B: เมา แล้ว ขับ ไม่ ไหว น้า
maw lɛ́ɛw khàp mây wǎy náa

A: 車で家まで送ってくれる？
B: もう酔っぱらってるよ，無理だな～。

ポイント khàp [カップ] 運転する　maw [マウ] 酔う　náa [ナー] 語気助詞のナ《音を伸ばした言い方》

□ 351　目が開けられない
🎧　ลืมตาไม่ขึ้น

A: ไป กิน เหล้า ต่อ ที่ บาร์ โรงแรม เอราวัณ ดี ไหม
pay kin lâw tɔ̀ɔ thîi baa rooŋrɛɛm Eeraawan dii máy

B*: ง่วง แล้ว ฉัน ลืม ตา ไม่ ขึ้น
ŋûaŋ lɛ́ɛw chán lʉʉm taa mây khʉ̂n

A: エラワンホテルのバーで飲み直すのはどう？
B: もう眠い，眼が開かないわ。

ポイント lâw [ラウ] 酒，アルコール　~ tɔ̀ɔ [トー] ～を続ける　baa [バー] バー
ŋûaŋ [ングアング] 眠い　lʉʉm taa [ルームター] 目を開ける
lʉʉm taa mây khʉ̂n [ルームターマイクン] 目が開かない，眼を開けられない

□ 352 死ぬほど疲れた
เหนื่อยแทบตาย

A: ถีบ จักรยาน ไป คามากูระ กัน เถอะ
thìip càkrayaan pay Kamakura kan thè

B*: วันนี้ เหนื่อย แทบ ตาย ไม่ ไป หรอก
wanníi nùay thêep taay mây pay ròok

A: 自転車で鎌倉に行こうぜ。
B: 今日は死にそうに疲れてるの，行かないわ。

> thìip càkrayaan [ティープチャクラヤーン] 自転車をこぐ　nùay [ヌアイ] 疲れる　thêep taay [テープターイ] 死にそう，死ぬほど　ròok [ローク]〈否定につく強調の語気助詞〉

□ 353 疲れ切った
อ่อนเพลีย

A: ชวน คุณ แม่ ไป น้ำพุร้อน สิ ครับ คง สบาย ขึ้น แน่ๆ
chuan khun mêe pay námphúrɔ́ɔn sì kháp khoŋ sabaay khûn nêɛnêɛ

B*: แม่ อ่อนเพลีย มาก น้ำพุร้อน คง จะ ช่วย แก้ เหนื่อย นะ คะ
mêe ɔ̀ɔnphlia mâak námphúrɔ́ɔn khoŋ ca chûay kêɛ nùay ná khá

A: お母さんを温泉に誘ってあげなさいよ，きっと元気になりますよ。
B: 母はとても弱っているので，温泉は疲労をとるのにいいでしょうね。

> chuan [チュアン] 誘う　námphúrɔ́ɔn [ナムプローン] 温泉　khoŋ [コン] きっと，おそらく　ɔ̀ɔnphlia [オーンプリア] 弱っている，疲れ切っている　chûay [チュアイ] 助ける　kêɛ nùay [ゲーヌアイ] 疲労をとる，疲れを治す

□ 354 力が尽きる
หมดแรง

A: อีก สัก ชั่วโมง จะ ถึง ยอด แล้ว ไม่ ต้อง พัก นะ
ìik sák chûamooŋ ca thǔŋ yɔ̂ɔt lέεw mây tôŋ phák ná

B*: โอ๊ย หมด แรง แล้ว ขอ พัก สัก ๑๐ นาที
óoy mòt rεεŋ lέεw khɔ̌ɔ phák sák sìp naathii

A: あと1時間くらいで頂上だ，休まないでいいよな。
B: わ～，もう力が出ないわ，10分くらいは休ませて。

> ìik [イーク] あと～　sák [nùŋ] chûamooŋ [サックチュアモーング] 1時間ほど　thǔŋ [トゥング] 至る，達する　yɔ̂ɔt [ヨート] 頂，頂上　phák [パック] 休む，休憩する　mòt rεεŋ [モットレング] 力が尽きる　naathii [ナーティー] 分，～分間

V 誘う・申し出る

355　眠い

ง่วงนอน

A: ไป ฟัง ไวโอลิน ไหม　มี　ตั๋ว
　　pay faŋ wayoolin máy mii tǔa

B*: กำลัง ง่วงนอน　ไม่ ไป ดี กว่า
　　kamlaŋ ŋûaŋnɔɔn mây pay dii kwàa

> A: バイオリン，聴きに行く？　チケットがあるんだ。
> B: 今眠いから，行かないほうがよさそうだわ。

> wayoolin [ワイオーリン] バイオリン　　tǔa [トゥア] チケット　　kamlaŋ [ガムラング] 〜しつつある，
> 〜している，〜しているところ　　ŋûaŋnɔɔn [ングアングノーン] 眠い　　dii kwàa [ディー グワー]
> 〜のほうがいい，〜したほうがいい

356　睡眠不足

อดนอน

A: เที่ยง แล้ว　ไป กิน ข้าว กัน เถอะ
　　thîaŋ lɛ́ɛw pay kin khâaw kan thə̀

B*: ไป ก่อน เถอะ ค่ะ　ไม่ หิว　เมื่อคืน มี งาน ยุ่ง จน อดนอน
　　pay kɔ̀ɔn thə̀ khâ mây hǐw mûakhuun mii ŋaan yûŋ con òtnɔɔn

> A: お昼だ，食事に行こうよ。
> B: お先にいらして。お腹すいてないの。昨夜は仕事が忙しくて寝なかったの。

> hǐw [ヒウ] 空腹　...con ~：…だったので〜になった
> òtnɔɔn [オットノーン] 寝なかった，寝れなかった，一睡もしていない

357　眠れない

นอนไม่หลับ

A: หน้า ซีด มาก　ไป หา หมอ ซิ ครับ
　　nâa sîit mâak pay hǎa mɔ̌ɔ sí kháp

B*: ไม่เป็นไร ค่ะ　เมื่อคืน นอน ไม่ หลับ เท่านั้น เอง
　　mây pen ray khâ mûakhuun nɔɔn mây làp thâwnán eeŋ

> A: ひどく顔色が悪いよ，医者に行きなさいよ。
> B: 大丈夫です。夕べ眠れなかっただけです。

> nâa sîit [ナーシート] 顔が青ざめている　　nɔɔn [ノーン] 寝る，横になる　　làp [ラップ] 眠る
> nɔɔn mây làp [ノーンマイラップ] 眠れない　　thâwnán eeŋ [タウナンエーング] それだけのこと

□ 358 あまり具合がよくない
🎧 ไม่ค่อยสบาย

A: คืน นี้ มี รายการ เพลง นะ　ทำไม รีบ เข้านอน
khɯɯn níi mii raaykaan phleeŋ ná　thammay rîip khâw nɔɔn

B*: ไม่ ค่อย สบาย　อยาก นอน มาก กว่า
mây khɔ̂y sabaay　yàak nɔɔn mâak kwàa

A: 今夜は歌番組があるよ，どうして急いで寝るんだ？
B: あまり具合がよくないの，寝るほうがいいわ。

> ポイント raaykaan [ラーイガーン] 番組，プログラム　phleeŋ [プレーン] 歌，曲　rîip [リープ] 急いで
> khâw nɔɔn [カウノーン] 寝る，就寝する　yàak ~ mâak kwàa [ヤーク ~ マークグワー] むしろ~したい

□ 359 食事が喉を通らない
🎧 กินข้าวไม่ลง

A*: วันนี้ ทำไม กิน น้อย　กิน หมด ซิ
wannii thammay kin nɔ́ɔy　kin mòt sí

B: กิน ข้าว ไม่ ลง　ปวด กระเพาะ
kin khâaw mây loŋ　pùat kraphɔ́

A: 今日はどうしてちょっとしか食べないの？　全部食べなさい。
B: ご飯が喉を通らないよ，胃が痛い。

> ポイント mòt [モット] 全部，すべて　sí [シ] 行動を促すトーンの語気助詞
> kin ~ mây loŋ [ギン~マイロング] ~が喉を通らない　pùat kraphɔ́ [プアット・ガポ] 胃が痛む

□ 360 めまいがする
🎧 เวียนหัว

A*: อากาศ เย็น สบาย น้า　ไป เดิน เล่น ดี ไหม
aakàat yen sabaay náa　pay dəən lên dii máy

B: เวียน หัว　อยาก จะ นอน พักผ่อน
wian hǔa　yàak ca nɔɔn phákphɔ̀ɔn

A: 涼しくていいお天気ねぇ。散歩に行くのはどう？
B: めまいがする，横になって休みたい。

> ポイント dəən lên [ドゥーンレン] 散歩する　wian hǔa [ウィアンフア] 目が回る，めまいがする
> phákphɔ̀ɔn [パックポーン] 休養をとる，休憩する，休む

5-25. 風邪

---

361 風邪をひいたようだ
🎧 สงสัยเป็นหวัด

A*: ๖ โมง แล้ว ลุก ขึ้น เถอะ
hòk mooŋ lɛ́ɛw lúk khûn thə̀

B: ปวด หัว สงสัย เป็นหวัด
pùat hǔa sǒŋsǎy penwàt

- -
A: 6時よ，起きなさいよ。
B: 頭が痛い，風邪みたいだ。

ポイント lúk khûn [ルッククン] 起き上がる　　sǒŋsǎy [ソングサイ] 疑う，～ではないかと思う
penwàt [ペンワット] 風邪をひく

---

362 熱がある
🎧 เป็นไข้

A*: แก้ม แดง นะ เป็น ไข้ หรือเปล่า คะ
kɛ̂ɛm dɛɛŋ ná pen khây rúplàaw khá

B: อาจ จะ ใช่ เจ็บ คอ ด้วย
àat ca chây cèp khɔɔ dûay

- -
A: 頬が赤いわよ，熱があるんじゃないですか？
B: そうかもしれない，喉も痛い。

ポイント kɛ̂ɛm [ゲーム] 頬　　dɛɛŋ [デーング] 赤い　　pen khây [ペンカイ] 熱がある
cèp khɔɔ [チェップコー] 喉が痛い　　dûay [ドゥアイ] ～もまた

---

363 風邪が喉へきた
🎧 เป็นหวัดลงคอ

A*: ไป เยี่ยม พ่อ ที่ โรงพยาบาล หน่อย
pay yîam phɔ̂ɔ thîi rooŋphayaabaan nɔ̀y

B: ตอนนี้ เป็นหวัด ลง คอ เดี๋ยว พ่อ ติด เชื้อ ไม่ ดี หรอก
tɔɔnníi penwàt loŋ khɔɔ dǐaw phɔ̂ɔ tìt chúa mây dii rɔ̀ɔk

- -
A: お父さんのお見舞いに行って来てよ。
B: 今，風邪が喉へきてるんだ，お父さんにうつすのはよくないよ。

ポイント yîam [イアム] 訪ねる　　rooŋphayaabaan [ローングパヤバーン] 病院
tɔɔnníi [トーンニー] 今，現在　　penwàt loŋ khɔɔ [ペンワットロングコー] 風邪が喉へくる
tìt [ティット] 感染する　　chúa [チュア] ウイルス　　rɔ̀ɔk [ロック] 《否定文の強調》

บทสนทนาในชีวิตประจำวัน

VI

依頼する・要求する

□ 364　お願いがあります
มีเรื่องขอร้อง

A*: มี เรื่อง ขอร้อง ค่ะ
mii rûaŋ khɔ̌ɔ rɔ́ɔŋ khâ

B: ว่า ไง ครับ
wâa ŋay khráp

A: お願いしたいことがあります。
B: どういうことですか？

ポイント rûaŋ［ルアン］事柄，案件　　khɔ̌ɔ rɔ́ɔŋ［コーローング］頼む，お願いする

□ 365　手助けお願いします
ขอความช่วยเหลือ

A: ขอ ความช่วยเหลือ เรื่อง เช่า ห้อง ที่ กรุงเทพฯ ครับ
khɔ̌ɔ khwaamchûaylǔa rûaŋ châw hɔ̂ŋ thîi kruŋthêep khráp

B*: ยินดี ที่ จะ ช่วย ค่ะ
yindii thîi ca chûay khâ

A: バンコクで部屋を借りるのを手伝ってください。
B: 喜んでお手伝いします。

ポイント khwaamchûaylǔa［クワームチュアイルア］援助，助け《khwaam は名詞化するための接頭語》
châw hɔ̂ŋ［チャウホング］部屋を借りる　　yindii［インディー］喜んで，是非
chûay［チュアイ］手伝う，助ける，協力する

□ 366　～させていただきます
ขออนุญาต ～

A: ขอ อนุญาต สอบถาม หน่อย ครับ
khɔ̌ɔ anúyâat sɔ̀ɔpthǎam nɔ̀y khráp

B*: เชิญ เลย ค่ะ
chəən ləəy khâ

A: 質問させていただきます。
B: どうぞ。

ポイント khɔ̌ɔ anúyâat［コーアヌヤート］～させてください（～することを許可してください）《anúyâat［ア
ヌヤート］許可する，許す》　　sɔ̀ɔpthǎam［ソープターム］質問する

□ 367 🎧 ~してください
ช่วย ~ หน่อย

A*: ช่วย ปิด หน้าต่าง หน่อย สิ คะ   จะ เปิด แอร์
chûay pìt nâatàaŋ nɔ̀y sì khá   ca pə̀ət ɛɛ

B: โอเค ครับ
ookhee kháp

> A: 窓を閉めてくださいな，エアコンをつけます。
> B: いいですよ。

ポイント chûay ~ nɔ̀y [チュアイ ~ ノーイ]（ちょっと）~してください   pìt [ピット] 閉める，消す
pə̀ət [プート] 開ける，つける   ɛɛ [エー] エアコン

□ 368 🎧 ~していただけますか？
ช่วย ~ หน่อยได้ไหม

A*: ช่วย อธิบาย กราฟ นี้ หน่อย ได้ ไหม คะ
chûay athíbaay kraaf níi nɔ̀y dây máy khá

B: ได้ ครับ
dây kháp

> A: このグラフの説明していただけますか？
> B: いいですよ。

ポイント athíbaay [アティバーイ] 説明する   kraaf [グラーフ] グラフ

□ 369 🎧 お手数をかけますが~してください
กรุณา ~ หน่อย

A*: กรุณา พูด ช้าๆ หน่อย ค่ะ   ฟัง ไม่ รู้เรื่อง
karúnaa phûut cháachááa nɔ̀y khâ faŋ mây rúuruôŋ

B: อ้อ ขอโทษ   จะ พูด อีก ที นะ ครับ
ɔ̂ɔ khɔ̌ɔ thôot   ca phûut ìik thii ná kháp

> A: すみませんが，もう少しゆっくり話してください。わかりません。
> B: あぁ，すみません。もう1回言いましょう。

ポイント karúnaa [ガルナー] ~してください《丁寧な依頼》   faŋ [ファング] 聞く，聴く
mây rúuruôŋ [マイ ルールアン] 理解できない，意味がわからない，訳がわからない

□ 370　〜してもいい？
🎧 **〜 ได้ไหม**

A: คืนนี้ โทร ไป หา ที่ บ้าน ได้ ไหม
khɯɯn níi thoo pay hǎa thîi bâan dây máy

B*: ได้　แต่ หลัง ๓ ทุ่ม นะ　จะ กลับ ดึก
dây tɛ̀ɛ lǎŋ sǎam thûm ná　ca klàp dùk

A: 今晩，家に電話してもいい？
B: いいわ。でも9時過ぎにしてよ，遅く帰るから。

> thoo pay hǎa 〜 [トーパイハー] 〜に電話をかける　sǎam thûm [サームトゥム] 夜9時
> dùk [ドゥック] 夜遅い，夜更け

□ 371　〜してもいい？
🎧 **〜 ได้หรือเปล่า**

A: สูบ บุหรี่ ที่นี่ ได้ หรือเปล่า
sùup burìi thîi níi dây rúplàaw

B*: ได้ ค่ะ　เดี๋ยว เอา ที่เขี่ย มา ให้
dây khâ dǐaw aw thîikhìa maa hây

A: ここでタバコ吸ってもいい？
B: いいですよ，今，灰皿を持ってきます。

> sùup burìi [スープブリー] タバコを吸う
> thîikhìa [ティキア] 灰皿《thîikhìa burìi [ブリー] の省略》

□ 372　〜することは可能ですか？
🎧 **สามารถจะ 〜 ได้ไหม**

A: ที่ โรงแรม นี้ สามารถ จะ แลก เงิน เยน ได้ ไหม
thîi rooŋrɛɛm níi sǎamâat ca lɛ̂ɛk ŋən yen dây máy

B*: ได้ ค่ะ　จะ แลก เท่าไร คะ
dây khâ ca lɛ̂ɛk thâwray khá

A: このホテルでは円を両替することは可能ですか？
B: できます。いくら両替しますか？

> sǎamâat 〜 dây [サーマート〜ダイ] 〜できる，〜することが可能である
> lɛ̂ɛk [レーク] 両替する

373 助けて〜
ช่วยด้วย

A*: ช่วย ด้วย ช่วย ด้วย
chûay dûay chûay dûay

B: เป็น อะไร ไป
pen aray pay

> A: 助けて〜，助けて〜！
> B: どうしたんだい？

chûay dûay [チュアイドゥアイ] 助けて！

374 〜を手伝ってください
ช่วย ~ หน่อย

A*: ช่วย ล้าง ชาม หน่อย ซิ
chûay láaŋ chaam nɔ̀y sí

B: โอเค ครับ   แม่
ookhee kháp   mɛ̂ɛ

> A: お皿洗い，手伝ってちょうだい。
> B: わかったよ，母さん。

láaŋ chaam [ラーングチャーム] どんぶりを洗う《タイでは「皿を洗う」とは言わない》

375 アドバイスをください
ขอคำแนะนำ

A*: หัวหน้า คะ   ขอ คำแนะนำ เกี่ยว กับ เครื่องจักร ใหม่ ค่ะ
hŭanâa khá   khɔ̌ɔ khamnénam kìaw kàp khrûaŋcàk mày khâ

B: โอเค   บ่ายนี้ มา หา ผม ที่ ห้อง นะ
ookhee   bàayníi maa hăa phǒm thîi hɔ̂ŋ ná

> A: 係長さん，新しい機械についてアドバイスしてください。
> B: いいよ，今日の午後，わたしの部屋に来なさい。

hŭanâa [フアナー] チーフ，係長など　　khamnénam [カムネッナム] 助言，アドバイス
kìaw kàp ~ [ギアウガップ] 〜に関して　　khrûaŋcàk [クルアングヂャック] 機械

□ 376　シャッター押していただけますか？
🎧 ช่วยกดชัตเตอร์หน่อยได้ไหม ครับ/คะ

A*: ช่วย กด ชัตเตอร์ หน่อย ได้ ไหม คะ
chûay kòt cháttðə nɔ̀y dây máy khá

B: ได้ ครับ
dây khráp

A: シャッター押していただけますか？
B: いいですよ。

ポイント chûay ~ dây máy khráp[khá]［チュアイ～ダイマイ・クラップ［カ］]～していただけますか？《丁寧な表現》　kòt［ゴット］押す　cháttðə［チャッター］シャッター

□ 377　写真を撮らせていただけますか？
🎧 ขอถ่ายรูปได้ไหม ครับ/คะ

A: ชุด ไทย สวย มาก　ขอ ถ่าย รูป ได้ ไหม ครับ
chút thay sǔay mâak　khɔ̌ɔ thàay rûup dây máy khráp

B*: ยินดี ค่ะ
yindii khâ

A: タイのドレス，きれいですね。写真撮らせていただけますか？
B: 喜んで。

ポイント chút thay［チュットタイ］タイドレス　khɔ̌ɔ［コー］＋動詞：〜させてください《チュアイは相手に何かしてもらう場合で，自分のする行為について相手に尋ねる場合はコーになる》 thàay rûup［タールーブ］写真を撮る

□ 378　一緒に撮らせてください
🎧 ขอถ่ายรูปด้วยกัน

A: ขอ ถ่ายรูป ด้วยกัน ครับ
khɔ̌ɔ thàay rûup dûaykan khráp

B*: เอ๋　ก็ ได้ ค่ะ
ée　kɔ̂ɔ dây khâ

A: 一緒に写真撮らせてください。
B: え〜？　まぁ，いいですよ。

ポイント kɔ̂ɔ［ゴー］《とっさに答えが出ないとき》まぁ，ん〜，えっと，えー

☐ 379
駅まで送ってくれない？
ช่วยส่งถึงสถานีได้ไหม

A*: ช่วย ส่ง ถึง สถานี ได้ ไหม
chûay sòŋ thǔŋ sathǎanii dây mây

B: โทษ ที วันนี้ ไม่ ได้ ขับ รถ มา
thôot thii wanníi mây dây khàp rót maa

A: 駅まで送ってくれない？
B: ごめん，今日は車で来なかったんだ。

ポイント sathǎanii ~ [サターニー] 駅　thôot thii [トートティー] ごめん《親しい者同士でのみ使う》
mây dây [マイダイ]＋動詞：～しなかった

☐ 380
～まで乗せていただけますか？
ขออาศัยรถคุณถึง ~ ได้ไหม ครับ/คะ

A*: ขอ อาศัย รถ คุณ ถึง สี่แยก อโศก ได้ ไหม คะ
khǒo aasǎy rót khun thǔŋ sìiyêɛk asòok dây mây khá

B: ได้ ครับ เดี๋ยว เอา รถ มา นะ ครับ
dây khráp dǐaw aw rót maa ná kháp

A: アソーク交差点まで，あなたの車に乗せて行っていただけませんか？
B: いいですよ。すぐ車を持ってきますからね。

ポイント aasǎy [アーサイ] 頼る，依存する　sìiyêɛk [シーイェーク] 交差点，四つ角

☐ 381
迎えに来るように言ってください
ช่วยบอก ~ ด้วย ว่าให้มารับ

A: ช่วย บอก คนขับ ด้วย ว่า ให้ มา รับ
chûay bɔ̀ɔk khonkhàp dûay wâa hây maa ráp

B*: ค่ะ ทราบ แล้ว ค่ะ
khâ sâap lɛ́ɛw khâ

A: 運転手に迎えに来るように言ってください。
B: はい，わかりました。

ポイント maa ráp [マーラップ] 迎えに来る　sâap lɛ́ɛw [サープレーウ] 了解した

□ 382

🎧

～を貸してくれる？
ขอยืมได้ไหม

A: แย่ แล้ว ขอยืม สัก พัน บาท ได้ ไหม ลืม เอา กระเป๋าเงิน มา
yêɛ lέɛw khɔ̌ɔyuum sák phan bàat dây máy luum aw krapǎwŋən maa

B*: อ้าว ตาย แล้ว สอง พัน บาท ดี กว่า ไหม
âaw taay lέɛw sɔ̌ɔŋ phan bàat dii kwàa máy

- -

A: しまった！　1000 バーツほど貸してくれない？　財布忘れてきた。
B: あ～ら，大変，2000 バーツのほうがよくない？

ポイント yêɛ lέɛw [イェーレーウ] 大変だ！，しまった！，やばい！《男女ともに使う》
khɔ̌ɔyuum [コーユーム] 借りる《hâyyuum [ハイユーム] 貸す》　　luum [ルーム] 忘れる
taay lέɛw [ターイレーウ] 大変だ！《女性が使う》

□ 383

🎧

返してください
ขอคืน

A*: ขอ คืน หมื่น บาท ที่ ให้ ยืม เมื่อ อาทิตย์ ที่ แล้ว นะ
khɔ̌ɔ khuun mùun bàat thîi hây yuum mûa aathít thîi lέɛw ná

B: อ๋อ ขอโทษ ครับ ที่ ไป รบกวน นี่ ครับ หมื่น บาท
ɔ̌ɔ khɔ̌ɔthôot khráp thîi pay rópkuan nîi kháp mùun bàat

- -

A: 先週貸した 1 万バーツ，返してくださいね。
B: あぁ，ごめんなさい，迷惑かけてしまって。はい，1 万バーツ。

ポイント khɔ̌ɔ khuun [コークーン] 返してください　　rópkuan [ロブグアン] 迷惑をかける，煩わす

□ 384

🎧

いつ返してくれる？
เมื่อไรจะคืน

A: พี่ เมื่อไร จะ คืน ๕ ร้อย ล่ะ
phîi mûaray ca khuun hâa rɔ́ɔy lâ

B*: อุ๊ย ลืมไป นี่ แหล่ะ ๕ ร้อย
úy luum pay nîi lὲ hâa rɔ́ɔy

- -

A: 姉さん，500 バーツいつ返してくれるんだよ？
B: あらま，忘れてた。はいこれ，500 よ。

ポイント úy [ウイ] あら，まあ《驚いたとき，痛いとき，ミスをしたときに使う感嘆詞》
luum pay [ルームパイ] 忘れてた！，忘れちゃった　　lὲ [レ]《語気助詞》～よ

☐ 385 少し安くしてくれますか？
ลดหน่อยได้ไหม

A: นี่ ๗ ร้อย นะ รับรอง คุณภาพ
nîi cèt rɔ́ɔy ná ráprɔɔŋ khunnaphâap

B*: แพง ไป ลด หน่อย ได้ ไหม คะ
phɛɛŋ pay lót nɔ̀y dây máy khá

A: これは 700 だよ，品質は保証する。
B: 高すぎるわ，少し安くしてくれますか？

ポイント ráprɔɔŋ [ラップローング] 保証する　khunnaphâap [クンナパープ] 品質
lót [ロット] 下げる，下がる《ここでは値段（raakhaa）が省略されている》

☐ 386 もう少し安くして
ลดอีกหน่อย

A: ๖ ร้อย ก็ แล้ว กัน
hòk rɔ́ɔy kɔ̂ lɛ́ɛw kan

B*: ลด อีก หน่อย สิ
lót iik nɔ̀y sì

A: 600 でもいいよ。
B: もう少し安くしてよ。

ポイント kɔ̂ lɛ́ɛw kan [ゴレーウガン] 〜でもいい，〜でいい　iik nɔ̀y [イークノイ] もう少し

☐ 387 ～（バーツ）でどう？
~ (บาท)ได้ไหม

A*: ๒ ตัว ๖ ร้อย ได้ ไหม
sɔ̌ɔŋ tua hòk rɔ́ɔy dây máy

B: ไม่ ได้ จะ ขาด ทุน ๒ ตัว พัน หนึ่ง
mây dây ca khàat thun sɔ̌ɔŋ tua phan nɯŋ

A: 2 枚で 600 でどう？
B: だめだ，赤字になる。2 枚で 1000 だ。

ポイント tua [トゥア]《衣類などの類別詞で》〜枚　khàat thun [カートトゥン] 赤字，元手割れ
買い物では，お金の単位バーツはほとんど省略される。

□ 388 弁償していただきます
🎧 ต้องให้ชดใช้

A: ขอโทษ ครับ   ผม ทำ แจกัน นี้ แตก
khɔ̌ɔthôot khráp phǒm tham cɛɛkan níi tɛ̀ɛk

B*: เรา ต้อง ให้ คุณ ชดใช้ ค่าเสียหาย ค่ะ
raw tɔ̂ŋ hây khun chótcháy khâasǐahǎay khâ

A: すみません，この花瓶を壊しました。
B: 当方ではあなたに損害の弁償をしていただかないとなりません。

ポイント
tham ~ tɛ̀ɛk [タム ～ テーク] ～を割る［壊す］ cɛɛkan [ヂェーガン] 花瓶
chótcháy [チョットチャイ] 弁償する khâasǐahǎay [カーシアハーイ] 損害額

□ 389 買って返す
🎧 ซื้อ ~ คืน

A: มือถือ ของ เล็ก ผม ทำ ตก ใน สระ ว่ายน้ำ
mɯɯ thɯ̌ɯ khɔ̌ɔŋ Lék phǒm tham tòk nay sàwâaynáam

B*: เอ๊ มัน ยัง ใหม่ อยู่ ซื้อ อัน ใหม่ มา คืน หน่อย
ée man yaŋ mày yùu sɯ́ɯ an mày maa khɯɯn nɔ̀y

A: レックの携帯，プールに落としちゃったよ。
B: え～，それまだ新しいの。代わりに別のを買って返してちょうだい。

ポイント
tham tòk [タムトック] 落とす sàwâaynáam [サ・ワイナーム] プール man [マン] それ
khɯɯn [クーン] 返す

□ 390 損害額を支払う
🎧 จ่ายค่าเสียหาย

A*: คนซักรีด ทำ เสื้อเชิ้ต ของ ท่าน ไหม้ นิด หน่อย ค่ะ
khonsákrîit tham sûachə́ət khɔ̌ɔŋ thân mây nít nɔ̀y khâ

B: เหรอ จ่าย ค่าเสียหาย หน่อย สิ
lə̌ə càay khâa sǐahǎay nɔ̀y sì

A: ラウンドリーでお客様のシャツを少し焦がしてしまいました。
B: なに～，損害額を払ってください。

ポイント
khonsákrîit [コンサックリート] 洗濯人，ラウンドリー担当者
thân [タン] あなた様《目上，お客などに対して》 mây [マイ] 焦がす，燃やす，燃える
càay [ヂャーイ] 支払う

□ 391 遠慮はいらない
ไม่ต้องเกรงใจ

A: หาก ไม่ รู้เรื่อง โทร มา ถาม ได้ นะ ไม่ ต้อง เกรงใจ
hàak mây rúurûaŋ thoo maa thăam dây ná mây tôŋ kreeŋcay

B*: แหม ขอบคุณ มาก ค่ะ
mɛ̆ɛ khɔ̀ɔp khun mâak khâ

A: もしわからなかったら電話で聞いていいですよ，遠慮はいらない。
B: まあ，ありがとうございます。

> **ポイント** hàak [ハーク] もし～ならば《thaâ hàak wâa [ターハークワー] の省略形》
> thăam [ターム] 質問する，尋ねる，問う，聞く   kreeŋcay [グレーングヂャイ] 遠慮する

□ 392 ～しなさいよ
~ ซิ

A*: ทาน ให้ หมด ซิ คะ   ยัง มี อีก เยอะ
thaan hây mòt sí khá yaŋ mii iik yɤ́

B: ขอบ คุณ มาก ครับ อร่อย มาก
khɔ̀ɔp khun mâak khráp arɔ̀y mâak

A: 全部召しあがってくださいよ。まだいっぱいありますから。
B: ありがとうございます。おいしいです。

> **ポイント** 語気助詞 sí [シ] を文末につけると，その動作を促す語気または命令になる
> ~ hây mòt [ハイモット] なくなるまで～，尽きるように～

□ 393 どうぞ～
เชิญ ~

A*: เชิญ นั่ง ค่ะ
chəən nâŋ khâ

B: ขอบคุณ ครับ
khɔ̀ɔp khun khráp

A: どうぞおかけください。
B: ありがとうございます。

> **ポイント** chəən ~ [チューン] どうぞ～   nâŋ [ナング] 座る

□ 394 できるだけ早く〜
เร็วเท่าที่จะเร็วได้

A*: เสื้อ ตัว นี้ ตัด ให้ เสร็จ เร็ว เท่า ที่ จะ เร็ว ได้ นะ
  sûa tua níi tàt hây sèt rew thâw thîi ca rew dâoy ná

B: ขอ ๓ วัน ได้ ไหม ครับ
  khɔ̌ɔ sǎam wan dâoy máy khráp

A: この服はできるだけ早く仕立ててね。
B: 3日いただけますか？

ポイント tua [トゥア] 衣類等の類別詞 tàt [タット] 切る，作る《tàt sûa [タットスア] ＝洋服を仕立てる》
thâw thîi ca ~ dâoy [タウティーヂャ〜ダイ] できる限り〜

□ 395 急いで〜して（ください）
รีบ 〜 หน่อย

A*: ลูก รีบ ไป ซื้อ ซีอิ๊ว หน่อย ซิ
  lûuk rîip pay súu siíiw nɔ̀y sí

B: ครับ เดี๋ยวก่อน ครับ
  khráp dǐaw kɔ̀ɔn khráp

A: ちょっと〜，急いでお醤油買ってきて〜。
B: はい，ちょっと待ってよ〜。

ポイント lûuk [ルーク] 子どもへの呼びかけにも使う rîip [リーブ] 急ぐ
siíiw [シーイウ] 醤油 dǐaw kɔ̀ɔn [ディアウゴーン] ちょっと待って

□ 396 大至急
ให้เร็วที่สุด

A: ช่วย เช็ค ข้อมูล ลูกค้า ทุก ราย ให้ เร็ว ที่สุด ได้ ไหม
  chûay chék khɔ̂ɔmuun lûukkháa thúk raay hây rew thîisùt dâoy máy

B*: จะ พยายาม ค่ะ
  ca phayayaam khâ

A: 全顧客データを大至急チェックしてくれるか？
B: やってみます。

ポイント chék [チェック] チェック khɔ̂ɔmuun [コームーン] データ
raay [ラーイ]《類別詞》〜件，〜人 phayayaam [パヤヤーム] 努力する，努める，頑張る

☐ 397 🎧 まず〜しなさい

~ ก่อน

A*: ทำ การบ้าน ก่อน แล้ว ค่อย เล่น เกม สิ
tham kaanbâan kɔ̀ɔn lɛ́ɛw khɔ̂y lên keem sì

B: ครับ แม่
khráp mɛ̂ɛ

- -

A: まず宿題をやってから，それからゲームをやりなさい。
B: はい，お母さん。

ポイント kaanbâan [ガーンバーン] 宿題　　~ lɛ́ɛw khɔ̂y [レーウコイ] 〜それから

☐ 398 🎧 まだ〜しないで

อย่าเพิ่ง ~

A*: อย่า เพิ่ง กิน สิ จ๊ะ ไป ล้าง มือ ก่อน ซิ
yàa phə̂ŋ kin sì cá pay láaŋ mɯɯ kɔ̀ɔn sí

B: โอเค ครับ
ookhee khráp

- -

A: まだ食べちゃだめよ，先に手を洗ってきなさい。
B: わかったよ。

ポイント yàa phə̂ŋ ~ [ヤープング] まだ〜しないように　　cá [ヂャ] 《子どもや目下の者に対して khráp/khá の代わりに使う》　　láaŋ mɯɯ [ラーングムー] 手を洗う

☐ 399 🎧 〜を禁じる

ห้าม ~

A*: ข้างใน โรงงาน ห้าม ถ่าย รูป ค่ะ
khâŋnay rooŋŋaan hâam thàay rûup khâ

B: งั้น ถ่าย ภายนอก อาคาร ได้ ไหม ครับ
ŋán thàay phaaynɔ̂ɔk aakhaan dây máy khráp

- -

A: 工場内は撮影禁止でございます。
B: じゃあ，建物の外側は撮ってもいいですか？

ポイント hâam [ハーム] 〜してはいけない，禁じる，禁止する　　thàay rûup [ターイループ] 写真を撮る
ŋán [ガン] それなら　　aakhaan [アーカーン] 建物

VI 依頼する・要求する

139

□ 400 うるさい！
หนวกหู

A*: หนวกหู ปิด ทีวี หน่อย ได้ ไหม
nùakhǔu pìt thiiwii nɔ̀y dây máy

B: เดี๋ยวๆ ผม จะ ดู รายการ สารคดี น่ะซี
dǐawdǐaw phǒm ca duu raaykaan sǎarákhádii nâsii

A: うるさい～，テレビ消してくれる？
B: ちょっと待ってよ，ドキュメンタリー番組見るところなんだ。

nùakhǔu [ヌアクフー] うるさい，騒々しい raaykaan [ラーイガーン] リスト，番組
sǎarákhádii [サーラカディー] ドキュメンタリー
nâsii [ナシ]〈少し腹が立ったときに返して〉～だよ！

□ 401 静かにして
เงียบหน่อย

A*: เงียบ หน่อย ซิ ไม่ ได้ยิน เสียง โทรศัพท์ นี่
ŋîap nɔ̀y sí mây dâyyin sǐaŋ thoorasàp nîi

B: โทษ ที
thôot thii

A: 静かにしなさい！ 電話の声が聞こえないじゃないの！
B: ごめん。

ŋîap [ンギアップ] 静かだ dâyyin [ダイン] 聞こえる sǐaŋ [シアング] 声，音
nîi [ニー] 理由，言い訳を表す語気助詞

□ 402 小さい声で話して
พูดเสียงค่อยๆหน่อย

A*: พูด เสียง ค่อยๆ หน่อย ได้ ไหม คะ เดี๋ยว คน อื่น จะ ได้ยิน
phûut sǐaŋ khɔ̂ykhɔ̂y nɔ̀y dây máy khá dǐaw khon ùun ca dâyyin

B: โอเค ครับ
ookhee khráp

A: 小さい声で話していただけますか？ 他の人に聞こえてしまいます。
B: わかりました。

sǐaŋ khɔ̂ykhɔ̂y [シアングコイコイ] 小さな声 khon ùun [コンウーン] 他の人

403 ～しないように
อย่าทำเลย

A: ผม โมโห เขา มาก   แก้แค้น ยังไง ดี
phǒm moohǒo kháw mâak   kêɛkhén yaŋŋay dii

B*: เข้าใจ พี่ แต่ อย่า ทำ เลย
khâwcay phii tɛ̀ɛ yàa tham ləəy

A: あの男，ほんと腹立つなあ。どう仕返ししてやろう。
B: わかるけど，やめておきなさい。

ポイント moohǒo [モーホー] 立腹する，怒る   kêɛkhén [ゲーケン] 復讐する，仕返しする
phii [ピー] ここでは「あなた」《年上の親しい相手に》

404 よく考えて
คิดดีๆ

A: ผม จะ ลา ออก จาก บริษัท นี้ แล้ว ไป ทำงาน ที่ เมืองไทย ครับ
phǒm ca laa ɔ̀ɔk càak bɔrisàt níi lɛ́ɛw pay thamŋaan thîi mɯaŋthay khráp

B*: ต้อง คิด ดีๆ นะ   เมื่อ กลับ มา หา งาน ไม่ ได้ จะ ทำไง
tɔ̂ŋ khít didii ná   mɯ̂a klàp maa hǎa ŋaan mây dâay ca thamŋay

---

A: この会社を辞めてタイへ行って仕事するよ。
B: よく考えてね，帰ってきて仕事が見つからなかったらどうするの？

ポイント laa ɔ̀ɔk [ラーオーク] 辞める   lɛ́ɛw [レーウ] それから   mɯ̂a [ムア] ～したとき，～するとき
hǎa ŋaan [ハー・ンガーン] 仕事を探す

405 そんなふうに考えないように
อย่าคิดเช่นนั้น

A: ผม เรียน ไม่ เก่ง เลย   ไม่ อยาก เรียน ต่อ
phǒm rian mây kèŋ ləəy   mây yàak rian tɔ̀ɔ

B*: อย่า คิด เช่นนั้น สิ   ตั้งใจ เรียน แล้ว ก็ จะ ดี ขึ้น แน่ๆ
yàa khít chênnán sì   tâŋcay rian lɛ́ɛw kɔ̂ ca dii khûn nɛ̂ɛnɛ̂ɛ

A: 僕は勉強ちっともできないから進学したくない。
B: そんなふうに考えないのよ。本気で勉強すれば必ずよくなるわよ。

ポイント rian tɔ̀ɔ [リアントー] 進学する   chênnán [チェンナン] そのように   tâŋcay ~ [タングチャイ] 本気
で～する，まじめに～する   nɛ̂ɛnɛ̂ɛ [ネーネー] 必ず《口語》

VI 依頼する・要求する

406 恥ずべき
น่าอาย

A: ใส่ กระโปรง สั้น ยังงี้ น่าอาย นะ
sày kraprooŋ sân yaŋŋíi nâaaay ná

B*: ใครๆ ก็ สั้น ยังงี้
khraykhray kɔ̂ sân yaŋŋíi

A: こんなに短いスカートはいて，みっともないぞ。
B: みんなこんなに短いわよ。

ポイント yaŋŋíi [ヤンギー]：yàaŋŋíi（このような）の口語形
nâaaay [ナーアーイ] 恥ずかしい，恥ずべき　　khraykhray [クライクライ] 誰もかれも

407 面子をつぶす（恥になる）
ขายหน้า

A: การกระทำ ทุจริต เช่นนี้ ขายหน้า ผู้จัดการ คือ ผม ด้วย
kaankratham thútcarìt chênníi khǎaynâa phûucàtkaan khɯɯ phǒm dûay

B*: ขอ ประทานโทษ ค่ะ ต่อ ไป จะ ตรวจ เช็ค ให้ เข้มงวด
khɔ̌ɔ prathaanthôot khâ tɔ̀ɔ pay ca trùatchék hây khêmŋûat

A: こういう不正行為は，マネージャーであるわたしも恥をかく。
B: まことにすみませでした。これからは厳しくチェックします。

ポイント kaankratham [ガーングラタム] 行為　　thútcarìt [トゥッヂャリット] 不正な
khǎaynâa [カーイナー] [顔を売る] 恥をさらす　　khêmŋûat [ケム・ングアット] 厳格な，厳しい

408 失礼だ
เสียมารยาท

A*: ชี้นิ้ว ไป ที่ คน อื่น คนไทย ถือ ว่า เสีย มารยาท นะคะ
chíi níw pay thîi khon ɯ̀ɯn khonthay thɯ̌ɯ wâa sǐa maaráyâat ná khá

B: อ๋อ ขอโทษ ครับ
ɔ̌ɔ khɔ̌ɔthôot khráp

A: 人を指さすのは，タイでは失礼とされてます。
B: おぉ，ごめんなさい。

ポイント chíi níw [チーニウ] 指さす，指図する　　thɯ̌ɯ wâa ~ [トゥーワー] ~とみなす
sǐa maaráyâat [シアマーラヤート] 行儀が悪い，礼儀がない

409
～すべきではない
ไม่ควรจะ ~

A: คน เขมร คน นั้น ทำ อะไร ไม่ เก่ง เลย นะ
khon khamĕen khonnán tham aray mây kèŋ ləəy ná

B*: ไม่ ควร จะ ดู ถูก คน ต่างชาติ ค่ะ
mây khuan ca duuthùuk khontàaŋchâat khâ

A: あのカンボジア人は何をやってもだめだな。
B: 外国人を蔑視すべきじゃありませんよ。

khamĕen [カメーン] クメール，カンボジア　　duuthùuk [ドゥートゥーク] 蔑視する，軽視する

410
どうしてまた～なの
ทำไมถึง ~

A*: ทำไม ถึง กลับ ดึก ทุก คืน ล่ะ
thammay thĕŋ klàp dùk thúk khɯɯn lâ

B: ตำหนิ ผม ทำไม　กำลัง ยุ่ง กับ โครงการ ใหม่ อยู่
tamnì phŏm thammay　kamlaŋ yûŋ kàp khrooŋkaan mày yùu

A: どうしてまた毎晩遅いのよ～。
B: なんで僕を非難するんだ，新しいプロジェクトで忙しいんだよ。

thammay thĕŋ ~ [タムマイトゥング] どうしてまた～なの？　dùk [ドゥック]（夜）遅い
tamnì [タムニ] 非難する　　kamlaŋ ~ yùu [ガムラン ～ ユー] ～している《状態》
yûŋ [ユン] 忙しい，～で頭がいっぱい

411
使いものにならない
ใช้ไม่ได้

A: ควร จะ สนับสนุน การ ส่ง ออก ปฏิกรณ์ ปรมาณู
khuan ca sanàpsanŭn kaansòŋʔɔ̀ɔk patikɔɔn paramaanuu

B*: เป็น ความคิด ที่ ใช้ ไม่ ได้ ใน สายตา ดิฉัน ค่ะ
pen khwaamkhít thîi cháy mây dây nay săaytaa dichán khâ

A: 原子炉の輸出を推進すべきです。
B: わたしから見れば，しょうもない考えですね。

sanàpsanŭn [サナップサヌン] 推奨する，推進する　　kaansòŋʔɔ̀ɔk [ガーンソングオーク] 輸出
patikɔɔn paramaanuu [パティゴーンパラマーヌー] 原子炉　　cháy mây dây [チャイマイダイ] だめな，
しょうもない，使えない　　săaytaa [サーイター] 視野

VI 依頼する・要求する

143

6-17. 言動を注意する

412 女性は（このことばを）使うべきでない
ผู้หญิงไม่ควรจะพูด(คำนี้)

A*: คุณ บัญญัติ พูด ภาษาญี่ปุ่น เก่ง ฉิบหาย
khun Banyàt phûut phaasǎa yîipùn kèŋ chíphǎay

B: คำ ว่า ฉิบหาย ผู้หญิง ไม่ ควร จะ พูด ครับ ไม่ สุภาพ
kham wâa chíphǎay phûuyǐŋ mây khuan ca phûut khráp mây sùphâap

A: バンヤットさん，日本語がすっげ～うまい。
B: チップハーイという語は女性は使わないように。品が悪いです。

ポイント chíphǎay [チップハーイ] くそ～《男性のみ使う罵り》chip と発音しない
kèŋ chíphǎay [ゲングチップハーイ] すげ～うまい　sùphâap [スパープ] 丁寧で礼儀正しい，品がよい

413 丁寧なことばを使うべき
ควรจะพูดจาสุภาพ

A: อาจารย์ ฮะ ตรงนี้ ผม ยัง ไม่ เข้าใจ ดี นะ ฮะ
aacaan há troŋníi phǒm yaŋ mây khâwcay dii ná há

B*: คนต่างชาติ ควร จะ พูดจา สุภาพ ค่ะ ต้อง พูด ครับ แทน ที่ จะ พูด ฮะ
khontàaŋchâat khuan ca phûutcaa sùphâap khâ tôŋ phûut khráp thɛɛn thîi ca phûut há

A: 先生，ここのところがまだよくわからないんだな。
B: 外国人は丁寧なことばで話すべきです。ハではなくクラップを使いましょう。

ポイント troŋníi [トゥロングニー] ここ　phûutcaa [プートヂャー] 話す，しゃべる
thɛɛn thîi ca ~ [テーンティーヂャ] ～の代わりに

414 ～したがって行動する
ปฏิบัติตน ตาม ~

A*: ไป ญี่ปุ่น แล้ว ปฏิบัติตน ตาม ประเพณี ของ เขา นะ
pay yîipùn lɛ́ɛw patibàt ton taam phrapheenii khǒoŋ kháw ná

B: ครับ ไม่ ต้อง ห่วง ครับ
khráp mây tôŋ hùaŋ khráp

A: 日本へ行ったら，あちらの習慣に従って振る舞いなさいね。
B: はい，心配しないでいいです。

ポイント patibàt ton [パティバットトン] 行動する，振る舞う　phrapheenii [プラペーニー] 風俗，習慣
hùaŋ [フアング] 気に掛ける，心配する

144

□415 繰り返しますが～
ขอย้ำอีกทีว่า ~

A: ขอ ย้ำ อีกที ว่า ต้องการ คำตอบ ภายใน วันที่ ๒๐
khɔ̌ɔ yám ìikthii wâa tɔ̂ŋkaan khamtɔ̀ɔp phaaynay wanthîi yîisìp

B*: ค่ะ จะ ส่ง คำตอบ วันจันทร์ ที่ ๑๙ ค่ะ
khâ ca sòŋ khamtɔ̀ɔp wancan thîi sìpkâaw khâ

A: もう一度繰り返しますが，20日までに回答をお願いします。
B: はい，19日月曜日に回答します。

ポイント yám [ヤム] 繰り返す　tɔ̂ŋkaan [トングガーン] 欲する
khamtɔ̀ɔp [カムトープ] 答え，回答，返事

□416 ～するのを忘れないで
อย่าลืม ~

A: กลับ ญี่ปุ่น แล้ว อย่า ลืม ส่ง เมล์ มา คุย นะ
klàp yîipùn lέεw yàa luum sòŋ mee maa khuy ná

B*: ไม่ ลืม แน่ๆ ค่ะ
mây luum nêɛnɛ̂ɛ khâ

A: 日本へ帰ったら，メールするの忘れないでよ。
B: もちろん忘れないわよ。

ポイント yàa luum [ヤールーム] 忘れないように　sòŋ mee maa[pay] khuy：《直訳では》メールを送って会話する　nêɛnɛ̂ɛ [ネーネー] 必ず，きっと

□417 ～を覚えておきなさい
จำไว้ว่า ~

A: จำ ไว้ ว่า พวกเรา รับใช้ ส่วนรวม ด้วย สินค้า ดี ยอดเยี่ยม
cam wáy wâa phûakraw rápcháy sùanruam dûay sǐnkháa dii yɔ̂ɔtyîam

B*: ค่ะ ภูมิใจ ค่ะ
khâ phuumcay khâ

A: わたしたちは素晴らしい製品で社会に奉仕していることを覚えておきなさい。
B: はい，誇りに思っています。

ポイント cam wáy [ヂャムワイ] 覚えておく　rápcháy [ラップチャイ] 仕える，奉仕する　sùanruam [スアンルアム] 全体，公共（社会）　phuumcay [プームヂャイ] 誇りに思う，誇りに感じる

418 考えさせてください
ขอคิดดูก่อน

A: จะ ตกลง เซ็น สัญญา หรือเปล่า ครับ
ca tòkloŋ sen sǎnyaa rúplàaw khráp

B*: ขอ คิดดู ก่อน ค่ะ ตัดสินใจ ไม่ ถูก
khɔ̌ɔ khítduu kɔ̀ɔn khâ tàtsǐncay mây thùuk

A: 契約にサインされますか？
B: 考えさせてください，決心がつきません。

sen sǎnyaa [センサンヤー] 契約書に署名する　khítduu [キットドゥー] よく考える
tàtsǐncay [タットシンヂャイ] 決心する　～ mây thùuk [マイトゥーク] ～がうまくできない　～た
だしくできない

419 検討する時間をいただけますか？
ขอเวลาพิจารณาได้ไหม

A: เลือก ไอเดีย ไหน ดี ครับ
lûak aydia nǎy dii khráp

B*: ขอ เวลา พิจารณา ได้ ไหม คะ
khɔ̌ɔ weelaa phítcaaranaa dây máy khá

A: どちらのアイデアを選ぶのがよろしいですか？
B: 検討する時間をいただけますか？

lûak [ルアック] 選ぶ　phítcaaranaa [ピッヂャーラナー] 検討する，考慮する

420 上司に相談します
จะปรึกษากับนาย

A: ผม เห็น ว่า ข้อเสนอ ที่ ดี จะ ปรึกษา กับ นาย ครับ
phǒm hěn wâa khɔ̂ɔsanɤ̌ɤ thîi dii ca prùksǎa kàp naay khráp

B*: ดี ค่ะ หวัง ว่า จะ ได้ คำตอบ ใน ไม่ ช้า นะ คะ
dii khâ wǎŋ wâa ca dây khamtɔ̀ɔp nay mây cháa ná khá

A: いい提案だと思います。上司に相談します。
B: けっこうです。近々お返事いただけるといいのですが。

hěn wâa ～ [ヘンワー] ～と思う　khɔ̂ɔsanɤ̌ɤ [コーサヌー] 提案，プロポーザル　prùksǎa [プル
クサー] 相談する　naay [ナーイ] ボス，上司　wǎŋ wâa ～ [ワンワー] ～と希望する

□ 421 もし～するのならば
🎧 ถ้า ~ ก็จะ

A: ไป กิน อาหาร ญี่ปุ่น กัน ไหม
　　pay kin aahǎan yîipùn kan máy

B*: ถ้า พี่ เลี้ยง ก็ จะ ไป แน่ๆ
　　thâa phîi liáŋ kɔ̂ cà pay nɛ̂ɛnɛ̂ɛ

- -

A: 日本料理を食べに行かないか？
B: おごってくれるなら，もちろん行くわよ。

> **ポイント** thâa ~ kɔ̂ cà ... [ター～ゴーチャ …] もし～ならば，…する　　liáŋ [リアング] ごちそうする；養う
> nɛ̂ɛnɛ̂ɛ [ネーネー] 必ず，もちろん

□ 422 条件次第
🎧 แล้วแต่เงื่อนไข

A: ตกลง ให้ เรา รับ งาน ซ่อมแซม ได้ ไหม ครับ
　　tòkloŋ hây raw ráp ŋaan sɔ̂ɔmsɛɛm dây máy khráp

B*: สั่ง งาน หรือ ไม่ ก็ แล้วแต่ เงื่อนไข
　　sàŋ ŋaan rǔu mây kɔ̂ lɛ́ɛwtɛ̀ɛ ŋûankhǎy

- -

A: 修理の仕事はうちに受けさせていただけますか？
B: 頼むかどうかは条件次第よ。

> **ポイント** sɔ̂ɔmsɛɛm [ソームセーム] 修理する　　sàŋ [サング] 注文する，命令する
> lɛ́ɛwtɛ̀ɛ ~ [レウテー] ～次第，～による　　ŋûankhǎy [ングアンカイ] 条件

□ 423 ～と約束するなら
🎧 ถ้าสัญญาว่าจะ ~

A*: ทำไม ผู้จัดการ พ้น ตำแหน่ง คะ
　　thammay phûucàtkaan phón tamnèŋ khá

B: ถ้า สัญญา ว่า จะ ไม่ บอก ใคร ก็ จะ บอก ให้
　　thâa sǎnyaa wâa cà mây bɔ̀ɔk khray kɔ̂ cà bɔ̀ɔk hây

- -

A: マネージャーが更迭されたのはどうしてなの？
B: 誰にも言わないと約束するなら教えてやるよ。

> **ポイント** phón tamnèŋ [ポンタムネング] 地位をはずされる　　thâa [ター] もし～ならば
> sǎnyaa [サンヤー]《動詞》約束する　　kɔ̂ [ゴー] 前にある条件文を受けて入れる

□ 424 〜するほうがいいのでは？
🎧 〜 ดีกว่าไหม

A: ปวดหัว สงสัย เป็น ไข้
pùathǔa sǒŋsǎy pen khây

B*: วันนี้ ไม่ ไป ทำงาน ดี กว่า ไหม
wanníi mây pay thamŋaan dii kwàa máy

- -

A: 頭痛がする，熱があるみたいだ。
B: 今日は仕事に行かない方がいいのじゃない？

ポイント sǒŋsǎy [ソングサイ] 疑う，〜かもしれないと思う　　pen khây [ペンカイ] 熱がある

□ 425 〜すべき
🎧 น่าจะ 〜

A: ลูกค้า เคลม มา ว่า เครื่องจักร ไม่ เวิร์ค
lûukkháa khleem maa wâa khrûaŋcàk mây wə́ək

B*: น่าจะ รีบ ไป ตรวจ เช็ค ซิ คะ
nâaca rîip pay trùat chék sí khá

- -

A: クライアントから機械が作動しないとクレームがあった。
B: 急いで点検しに行くべきよ。

ポイント khleem [クレーム]《外来語》[claim] クレーム　　khrûaŋcàk [クルアングヂャック] 機械
wə́ək [ウァーク]《外来語》[work] 働く，作動する　　nâaca [ナーヂャ] ＋動詞：〜すべきだ，
〜したほうがよい　　trùat chék [トゥルアトチェック] 点検する，検査する

□ 426 〜するのが一番
🎧 〜 จะดีที่สุด

A: ช่วงนี้ ทำงาน หนัก จน เครียด มาก
chûaŋníi thamŋaan nàk con khrîat mâak

B*: อยาก หาย เครียด ก็ ไป น้ำพุร้อน จะ ดี ที่สุด นะ
yàak hǎay khrîat kɔ̂ pay námphúrɔ́ɔn ca dii thîisùt ná

- -

A: ここのところ仕事がきつくてストレスがひどいや。
B: ストレス解消したければ，温泉に行くのが一番よ。

ポイント 〜 con [ヂョン] …：〜なので…になる，…なほど〜である
khrîat [クリアト] 緊張した，張りつめた　　námphúrɔ́ɔn [ナムプローン] 温泉

☐ **427** 言ってあったのに
🎧 บอกแล้วนี่

A*: เอกสาร สำคัญ หาย ทำไง ดี
èekkasăan sămkhan hăay tham ŋay dii

B: บอก แล้ว นี่ สิ่งสำคัญ ต้อง เก็บ ไว้ ดีๆ
bɔ̀ɔk lɛ́ɛw nîi sìŋ sămkhan tɔ̂ŋ kèp wáy didii

A: 重要な書類がなくなったわ，どうしよう？
B: 言ったじゃないか，大事なものはちゃんとしまっておけって。

ポイント èekkasăan [エーッガサーン] 資料，書類　sămkhan [サムカン] 重要な　tɔ̂ŋ [トング] 〜しなけれ
ばならない　kèp wáy [ゲップワイ] しまっておく　didii [ディディー] ちゃんと，しっかり

☐ **428** 忠告したのに
🎧 เคยเตือนแล้วนะ

A*: คน แน่น มาก เข้า คิว ชั่วโมง ครึ่ง กว่า จะ ได้ ตั๋ว
khon nɛ̂n mâak khâw khiw chûamooŋ-khrûŋ kwàa ca dây tŭa

B: เคย เตือน แล้ว นะ ว่า ให้ จอง ไว้ ล่วงหน้า
khəəy tɯan lɛ́ɛw ná wâa hây cɔɔŋ wáy lûaŋnâa

A: とても混んでいてチケット手に入れるのに1時間半も並んだの。
B: 前もって予約しておくように忠告してあっただろ。

ポイント khon nɛ̂n [コン ネン] 人が混み合う　khâw khiw [カウキウ] 列に並ぶ
tɯan [トゥアン] 忠告する　lûaŋnâa [ルアングナー] 前もって

☐ **429** 当然の報いだ
🎧 สมน้ำหน้า

A: ถูก ตำรวจ ปรับ ๕๐๐ บาท
thùuk tamrùat pràp hâarɔ́ɔy bàat

B*: สม น้ำ หน้า จอด ที่ห้ามจอด อยู่ เรื่อย
sŏmnámnâa cɔ̀ɔt thîihâamcɔ̀ɔt yùu rɯ̂ay

A: 警察に500バーツ罰金とられた。
B: 当然の報いよ，駐車禁止のところにいつも停めてるんだから。

ポイント thùuk [トゥーク] A＋動詞：Aに〜される《受身》　pràp [プラップ] 罰金を科す
sŏmnámnâa [ソムナムナー] 当然の報い，自業自得　thîihâamcɔ̀ɔt [ティーハームヂョート] 駐車禁止
の場所　rɯ̂ay [ルアイ] いつも

☐ 430 🎧 お説教は聞きたくない
ไม่อยากฟังคำสั่งสอน

A: สุภาพสตรี ไม่ ควร จะ สูบ บุหรี่ ต่อ หน้า คน อื่น
suphâap sàtrii mây khuan ca sùup burìi tɔ̀ɔ nâa khon ùun

B*: ไม่ อยาก ฟัง คำ สั่งสอน เช่นนี้
mây yàak faŋ kham sàŋsɔ̌ɔn chênníi

A: レディは人前でタバコを吸うべきではないな。
B: そういうお説教は聞きたくないわ。

ポイント suphâap sàtrii [スパープサットリー] 淑女，レディ　　tɔ̀ɔ nâa khon [トーナーコン] ひと前
kham sàŋsɔ̌ɔn [カムサングソーン] 説教

☐ 431 🎧 その話はもういい
เรื่องนี้ไม่ต้องฟังแล้ว

A*: อย่า ทะเลาะ กัน บ่อยๆ สิ   ฟัง ดีๆ ว่า เขา ว่า ไง
yàa thálɔ́ kan bɔ̀ybɔ̀y sì faŋ didii wâa kháw wâa ŋay

B: เรื่องนี้ ไม่ ต้อง ฟัง แล้ว
rûaŋ níi mây tɔ̂ŋ faŋ lɛ́ɛw

A: しょっちゅう喧嘩しないで，彼女はどう言っているのかよ～く聞きなさいよ。
B: その話はもういい。

ポイント thálɔ́ [タロッ] 喧嘩する　　mây tɔ̂ŋ faŋ [マイトングファング] 聞く必要がない

☐ 432 🎧 指図しないで
ไม่ต้องสั่ง

A: เวลา ไป ทำงาน ต้อง แต่งตัว เรียบร้อย   ฟัง คำสั่ง ผู้ใหญ่ ดีๆ สิ
weelaa pay thamŋaan tɔ̂ŋ tɛ̀ŋtua rîaprɔ́ɔy faŋ khamsàŋ phûuyày didii sì

B*: ไม่ ต้อง สั่ง ให้ ทำ นี่ ทำ โน่น
mây tɔ̂ŋ sàŋ hây tham nîi tham nôon

A: 仕事に行くときは，きちんとした身なりをして，上司の指図はよく聞きなさい。
B: あれやれ，これやれって指図しないでよ。

ポイント weelaa [ウェーラー] ～するとき，～したとき　　tɛ̀ŋtua [テングトゥア] 装う
rîaprɔ́ɔy [リアップローイ] きちんとした，整った　　hây [ハイ] ～させる《使役，命令》

บทสนทนาในชีวิตประจำวัน

VII

問題と解決

□ **433** 問題はどこにありますか？

🎧 ปัญหาอยู่ตรงไหน

A*: ผังเมือง ฉบับ นี้ มี ปัญหา อยู่ ตรง ไหน คะ

phǎŋmɯaŋ chabàp níi mii panhǎa yùu troŋ nǎy khá

B: อยู่ ที่ ว่า ถนน กว้าง ไม่ พอ

yùu thîi wâa thanǒn kwâaŋ mây phɔɔ

- -

A: この都市計画は，問題はどこにありますか？
B: 道路の幅が十分でないところですね。

ポイント phǎŋmɯaŋ [パングムアング] 都市計画　　chabàp [チャバップ] 書類，新聞などの類別詞
panhǎa [パンハーイ] 問題　　thanǒn [タノン] 道路，通り　　kwâaŋ [グワーング] 幅，横：広い
phɔɔ [ポー] 十分な

□ **434** 何が問題？

🎧 อะไรเป็นปัญหา

A: สำหรับ คุณ อะไร เป็น ปัญหา ที่ จะ ทำงาน ต่อ ครับ

sǎmràp khun aray pen panhǎa thîi ca thamŋaan tɔ̀ɔ khráp

B*: มี คน รังแก ฉัน ก็ เลย ทำงาน ไม่ สนุก ค่ะ

mii khon raŋkɛɛ chán kɔ̂ ləəy thamŋaan mây sanùk khâ

- -

A: あなたにとって，仕事を続けるには何が問題なんですか？
B: わたしをいじめる人がいるので，仕事するのが楽しくありません。

ポイント sǎmràp [サムラップ] ～にとって　　tɔ̀ɔ [トー] 続ける　　raŋkɛɛ [ラングゲー] いじめる
kɔ̂ ləəy [ゴルーイ] それで　　sanùk [サヌック] おもしろい，楽しい：～を楽しむ

□ **435** 《医者が》どうしましたか？

🎧 เป็นอะไร

A: เป็น อะไร ครับ

pen aray khráp

B*: ท้องเดิน ไม่ หาย หลาย วัน แล้ว ค่ะ

thɔ́ɔŋ dəən mây hǎay lǎay wan lɛ́ɛw khâ

- -

A: どうされましたか？
B: もう何日も下痢がとまりません。

ポイント thɔ́ɔŋ dəən [トーングドゥーン] 下痢をする［になる］，お腹をこわす　　hǎay [ハーイ] 《痛み，物な
どが》なくなる：《雨・音などが》止む：《病気が》治る　　lǎay wan [ラーイワン] 何日も
lɛ́ɛw [レーウ] すでに，もう

□ 436 道に迷いました
หลงทาง

A*: หลงทาง ค่ะ   หา ทางออก ไม่ ได้ ค่ะ
lǒŋ thaaŋ khâ   hǎa thaaŋɔ̀ɔk mây dây khâ

B: ตรง ไป อีก นิด แล้ว จะ เจอ บันได ทาง ซ้าย มือ   ลง บันได นั่น แหล่ะ
troŋ pay ìik nít lɛ́ɛw ca cəə banday thaaŋ sáay mɯɯ   loŋ banday nân lɛ̀

A: 道に迷いました。出口が見つかりません。
B: あと少しまっすぐ行くと左側に階段があります。その階段を降りるんですよ。

> lǒŋ thaaŋ [ロングターング] 道に迷う   hǎa [ハー] 探す   thaaŋɔ̀ɔk [ターングオーク] 出口
> ìik nít [イークニット] もう少し   cəə [チュー] 出会う，出くわす：見つかる
> banday [バンダイ] 階段   loŋ [ロング] 降りる，下る   lɛ̀ [レ] 強調の語気助詞

□ 437 〜（への道）が見つかりません
หาทางไป 〜 ไม่ได้

A*: คุณ คะ   หา ทาง ไป บ้าน เลขที่ นี้ ไม่ ได้ ค่ะ
khun khá   hǎa thaaŋ pay bâanlêekthii níi mây dây khâ

B: โอ้โฮ ถนน พระราม ๔ อยู่ คน ละ ทิศทาง เลย
ôohoo   thanǒn phráraam sìi yùu khon lá thítthaaŋ ləəy

A: すみません，この住所へ行く道がわかりません。
B: ありゃ，ラーマ４世通りは別の方角だよな。

> khun khá[khráp] [クンカ（クラップ）] もしもし《知らない人への呼びかけ》
> bâanlêekthii [バーンレークティー] ハウスナンバー，住所   phráraam sìi [プララームシー] ラーマ４世
> khon lá 〜 [コンラ] 別の〜   thítthaaŋ [ティットターング] 方角

□ 438 ここはどこでしょうか？
ที่นี่ที่ไหน

A*: สงสัย หลงทาง แล้ว   ที่นี่ ที่ไหน คะ
sǒŋsǎy lǒŋthaaŋ lɛ́ɛw   thîinîi thîinǎy khá

B: ออก จาก ซอย นี้ แล้ว จะ เจอ ถนน สีลม นะ ครับ
ɔ̀ɔk càak sɔɔy níi lɛ́ɛw ca cəə thanǒn sǐilom ná kháp

A: 道に迷ったみたいです。ここはどこでしょうか？
B: この横丁を出ると，シーロム通りに出ますよ。

> sǒŋsǎy [ソングサイ] 疑う，〜ではないかと思う   càak [チャーク] 〜から
> sɔɔy [ソーイ] 横丁，路地

439 〜へはどう行けばいいですか？
ไปยังไงดี

A: อยาก ไป สุโขทัย ไป ยังไง ดี ครับ
yàak pay sùkhǒothay pay yaŋŋay dii khráp

B*: ขึ้น เรือบิน ไป หรือ ไม่ ก็ ไป รถไฟ ค่ะ
khûn ruabin pay rǔu mây kô pay rótfay khâ

A: スコータイに行きたいけど，どう行けばいいですか？
B: 飛行機で行くか，さもなければ列車で行くといいでしょう。

> **ポイント** pay yaŋŋay dii [パイヤングガイディー] どう行けばいいか　　khûn [クン] 乗る，上がる
> ruabin [ルアビン] 航空機　　rǔu mây kô [ルーマイゴー] さもなければ

 440 …は〜から何キロくらい離れていますか
... ห่างจาก ~ สักกี่กิโล

A: หาดใหญ่ ห่าง จาก กรุงเทพฯ สัก กี่ กิโล ครับ
hàatyày hàaŋ càak kruŋthêep sák kii kiloo khráp

B*: คิด ว่า สัก พัน กิโล ค่ะ ไกล มาก
khít wâa sák phan kiloo khâ klay mâak

A: ハジャイはバンコクから何キロくらい離れていますか？
B: 1000キロくらいだと思います。とても遠いですよ。

> **ポイント** hàaŋ càak ~ [ハーングヂャーク] 〜から離れている　　sák ~ [サック] 〜くらい，約〜，〜ほど
> klay [グライ] 遠い

 441 どのバスが〜へ行きますか？
รถเมล์คันไหนไป ~

A: รถเมล์ คัน ไหน ไป สนามหลวง ครับ
rótmee khan nǎy pay sanǎamlǔaŋ khráp

B*: รถเมล์ เบอร์ ๑๕ ไป สนามหลวง ค่ะ
rótmee bəə sìphâa pay sanǎamlǔaŋ khâ

A: どのバスが王宮前広場に行きますか？
B: 15番のバスが王宮前広場に行きます。

> **ポイント** rótmee [ロットメー] 路線バス　　khan [カン] 車の類別詞　　bəə [バー] 〜番，ナンバー，番号
> sanǎamlǔaŋ [サナームルアング] 王宮前広場

□ 442

~はどこで買えますか？
ซื้อ ~ ได้ที่ไหน

A: ซื้อ ตั๋ว รถทัวร์ ไป หัวหิน ได้ ที่ไหน ครับ
súu tǔa rótthua pay hǔahǐn dây thîinǎy khráp

B*: ซื้อ ได้ ที่นี่ ค่ะ กี่ ใบ คะ
súu dây thîinîi khâ kìi bay khá

A: フアヒン行のツァーバスチケットはどこで買えますか？
B: ここで買えます。何枚？

ポイント tǔa [トゥア] チケット rótthua [ロットトゥア] 長距離バス
kìi bay [ギーバイ] 何枚《bay はチケット，カードなどの類別詞》

□ 443

どこに届け出ればいいですか？
แจ้งที่ไหนดี

A*: พาสปอร์ต หาย แจ้ง ที่ไหน ดี คะ
phaaspɔɔt hǎay cêɛŋ thîinǎy dii khá

B: ต้อง ไป แจ้ง ตำรวจ ครับ เดี๋ยว ผม พา ไป
tôŋ pay cêɛŋ tamrùat khráp dǐaw phǒm phaa pay

A: パスポートがなくなりました。どこへ届け出ればいいですか？
B: 警察に届けなければいけません。すぐお連れします。

ポイント hǎay [ハーイ] 消える，なくなる cêɛŋ [チェーング] 届け出る phaa pay [パーバイ] 連れて行く

□ 444

~売り場はどこですか？
ที่ขาย ~ อยู่ที่ไหน

A*: ที่ขาย ชา สมุนไพร อยู่ ที่ไหน คะ
thîikhǎay chaa samǔnphray yùu thîi nǎy khá

B: อยู่ ชั้น ใต้ดิน ครับ
yùu chán tâydin khráp

A: ハーブティーの売り場はどこですか？
B: 地階です。

ポイント thîikhǎay [ティーカーイ] 売り場 chaa [チャー] 茶 samǔnphray [サムンプライ] ハーブ
chán tâydin [チャンタイディン] 地階，地下

☐ **445** 何時に開きますか？

 เปิดกี่โมง

A*: ห้าง เซ็นทรัล เปิด กี่ โมง คะ
hâaŋ sentran pə̀ət kìi mooŋ khá

B: เปิด ๑๐ โมง เช้า ครับ
pə̀ət sìp mooŋ cháaw khráp

- -

A: セントラルデパートは何時に開きますか？
B: 午前10時です。

ポイント hâaŋ [ハーング] デパート，大型店舗　　pə̀ət [プート] 開く　　mooŋ [モーング] 〜時

☐ **446** どのくらい時間がかかりますか？

ใช้เวลานานเท่าไร

A: จาก โตเกียว ไป เกียวโต ใช้ เวลา นาน เท่าไร ครับ
càak Tokiaw pay Kiawto cháy weelaa naan thâwray khráp

B*: ไป ชินคันเซ็น ๒ ชั่วโมง เศษๆ ค่ะ
pay sinkhansen sɔ̌ɔŋ chûamooŋ sèetsèet khâ

- -

A: 東京から京都まで，どのくらい時間がかかりますか？
B: 新幹線で2時間余りです。

ポイント cháy weelaa [チャイウェーラー] 時間がかかる　　sèet [セート] 〜余り

☐ **447** 何時から何時まで開いていますか？

เปิดตั้งแต่กี่โมงถึงกี่โมง

A*: พิพิธภัณฑ์ แห่งชาติ เปิด ตั้งแต่ กี่โมง ถึง กี่โมง คะ
phíphítthaphan hèŋchâat pə̀ət tâŋtɛ̀ɛ kìimooŋ thǔŋ kìimooŋ khá

B: โอ้ ขอโทษ ครับ ผม ไม่ รู้ เดี๋ยว เช็ค ให้
ôo khɔ̌ɔthôot khráp phǒm mây rúu dǐaw chék hây

- -

A: 国立博物館は何時から何時まで開いていますか？
B: すみません，知りません。いま調べてあげます。

 ポイント phíphítthaphan [ピピッタパン] 博物館　　hèŋchâat [ヘングチャート] 国立の
tâŋtɛ̀ɛ ... thǔŋ 〜 [タングテー … トゥング〜] …から〜まで　　chék [チェック] チェックする

156

□ 448 年に何回〜
🎧 ปีละกี่ครั้ง

A: ไป เที่ยว นอก ประเทศ ปีละ กี่ ครั้ง
pay thîaw nɔ̂ɔk prathêet pii lá kìi khráŋ

B*: ปี ละ ๒ , ๓ ครั้ง ค่ะ   แล้ว พี่ ล่ะ คะ
pii lá sɔ̌ɔŋ sǎam khráŋ khâ   lɛ́ɛw phîi lâ khá

A: 年に何回海外旅行するの？
B: 年に2，3回です。で，あなたは？

ポイント pay thîaw [パイ ティアウ] 旅行に行く，遊びに行く   nɔ̂ɔk prathêet [ノークプラテート] 海外
pii lá [ピーラ] 一年につき〜 《lá [ラ] 〜につき，〜当たり》   lɛ́ɛw [レーウ] それから，それで

□ 449 週に何回〜
🎧 อาทิตย์ละกี่ครั้ง

A*: คุณ อีโต ไป ตี กอล์ฟ อาทิตย์ ละ กี่ ครั้ง คะ
khun Ito pay tii kɔ́ɔf aathít lá kìi khráŋ khá

B: ครั้ง เดียว เท่านั้น   ที่จริง อยาก ไป ทุก วัน
khráŋ diaw thâwnán   thîiciŋ yàak pay thúk wan

A: 伊藤さん，週に何回ゴルフしに行かれますか？
B: 1回だけですよ。本当は毎日行きたいですがね。

ポイント tii kɔ́ɔf [ティーゴーフ] ゴルフをする   aathít [アーティット] 週   diaw [ディアウ] シングル，ひと
つだけ，〜だけ   thâwnán [タオナン] 〜のみ，〜だけ   thîiciŋ [ティチング] 実は，本当は

□ 450 一日に〜
🎧 ~ ต่อวัน

A: ที่นี่ ทำงาน ๒ กะ ต่อ วัน ครับ
thîinii thamŋaan sɔ̌ɔŋ kà tɔ̀ɔ wan khráp

B*: คน หนึ่ง ทำงาน กี่ ชั่วโมง ต่อ วัน คะ
khon nɯ̀ŋ thamŋaan kìi chûamooŋ tɔ̀ɔ wan khá

A: こちらでは一日2交代制で働きます。
B: ひとりの人が一日に何時間仕事をするのですか？

ポイント kà [ガ] シフト   tɔ̀ɔ wan [トーワン] 一日につき   chûamooŋ [チュアモーング] 時間

☐ **451** 🎧 腹が立つ
โมโห

A: หน้าบึ้ง ทำไม นะ
nâabûŋ thammay ná

B*: โมโห ที่ เขา ทำ อะไร เสีย หมด
moohǒo thîi kháw tham aray sǐa mòt

- -

A: いやな顔してどうしたの？
B: あの人，何をやってもダメにするんで腹が立ってるの。

ポイント nâabûŋ [ナーブング] 不機嫌な顔　　moohǒo [モーホー] 怒る
sǐa [シア] 台無しにする，だめになる

☐ **452** 🎧 何を怒っているの？
โกรธเรื่องอะไร

A: โกรธ เรื่อง อะไร จน หน้าซีด ยังงี้
kròot rûaŋ aray con nâa sîit yaŋŋíi

B*: ถูก โกง เงิน ๑๐๐๐๐ บาท น่ะซี
thùuk kooŋ ŋən nùɯn mùɯn bàat nâsii

- -

A: こんなに青くなるほど何を怒ってるんだ？
B: 10000 バーツ騙し取られたのよ。

ポイント kròot [グロート] 怒る　　nâa sîit [ナーシート] 顔色が青ざめる
yaŋŋíi [ヤング・ンギー] こんなに《yàaŋníi の口語形》
thùuk [トゥーク] 〜される《受身》　　kooŋ ŋən [ゴーン・ングン] 金を詐取する

☐ **453** 🎧 イライラする
หงุดหงิด

A*: อ้าว ทำ ชาม แตก แล้ว
âaw tham chaam tɛ̀ɛk lɛ́ɛw

B: อย่า หงุดหงิด ซี่　พักผ่อน ก่อน ดี กว่า
yàa ŋùtŋìt sii　phákphɔ̀ɔn kɔ̀ɔn dii kwàa

- -

A: あら〜，お茶碗，割っちゃった。
B: イライラしなさんな，まず休んだほうがいいよ。

ポイント tham ~ tɛ̀ɛk [タム 〜テーク] 〜を割る［壊す］　　yàa [ヤー] 〜しないで
ŋùtŋìt [ングットンギット] イライラする　　phákphɔ̀ɔn [パックポーン] 休養する，休む

454 落ち着いて
ใจเย็นๆ

A*: โอ๋ย ทำไง ดี   เดี๋ยว ไม่ ทัน   ทำไง ดี
óoy thamŋay dii dǐaw mây than thamŋay dii

B: ใจเย็นๆ ซี่   เกิด อะไร ขึ้น
cayyenyen sii kə̀ət aray khûn

A: あ〜どうしよう，もう間に合わない，どうしよう？
B: 落ち着けよ！　何が起きたんだ？

ポイント thamŋay [タム・ンガイ]《tham yàaŋray の口語形》どうやる   cayyen [チャイイェン] 冷静な，落ち着いた   cayyenyen [チャイイェンイェン] 落ち着いて！，冷静に！《相手に言う表現》

455 焦らないように
อย่าใจร้อน

A: ไอ้ย่า ๗ โมง แล้ว   ไม่ มี เวลา กิน ข้าว แล้ว
ây-yâa cèt mooŋ lέεw mây mii weelaa kin khâaw lέεw

B*: อย่า ใจร้อน ซี
yàa cayrɔ́ɔn sii

A: あれ〜，もう7時だ，もうご飯食べる時間ないや。
B: あわてないようにね。

ポイント cayrɔ́ɔn [チャイローン] あわてた，せっかちな，かっとなる

456 あがらないように
อย่าตื่นเต้น

A*: อีก ๑๐ นาที จะ ร้อง เพลง เดี๋ยว   ตื่นเต้น จัง
ìik sìp naathii ca rɔ́ɔŋ phleeŋ dǐaw tùuntên caŋ

B: อย่า ตื่นเต้น   ใจเย็นๆ
yàa tùuntên   cayyenyen

A: あと10分でソロで歌うのよ〜。とてもドキドキしてる。
B: あがらないで，落ち着いて。

ポイント rɔ́ɔŋ phleeŋ [ローングプレーング] 歌を歌う   dǐaw [ディアウ] 一人で，ソロで   tùuntên [トゥーンテン] ドキドキする，興奮する

VII 問題と解決

□ 457 遺憾である
🎧 เสียใจด้วย

A: พ่อ ผม เสีย เมื่อ เดือน ที่ แล้ว
phɔ̂ɔ phǒm sǐa mûa dɯan thîi lɛ́ɛw

B*: เสียใจ ด้วย ค่ะ ที่ คุณ พ่อ คุณ เสีย
sǐacay dûay khâ thîi khun phɔ̂ɔ khun sǐa

A: 先月父が亡くなりました。
B: お父様が亡くなられてご愁傷様です。

sǐa [シア] 亡くなる　　sǐacay dûay [シアヂャイドゥアイ] （わたしも）残念だ，遺憾だ

□ 458 かわいそうに
🎧 น่าสงสาร

A: ทาเคชิ ถูก มอเตอร์ไซค์ ชน กระดูก ขา หัก นะ
Takeshi thùuk mɔɔtəəsay chon kradùuk khǎa hàk ná

B*: แหม น่าสงสาร นะ คะ เข้า โรงพยาบาล หรือเปล่า
mɛ̌ɛ nâasǒŋsǎan ná khá khâw rooŋphayabaan rɯ́plàaw

A: たけしがバイクにぶつけられて脚の骨を折ったんだ。
B: まあ，お気の毒に。入院したの？

mɔɔtəəsay [モーターサイ] バイク　　kradùuk khǎa [グラドゥークカー] 脚の骨
hàk [ハック] 折れる，折る　　nâasǒŋsǎan [ナーソングサーン] かわいそうな，気の毒な
khâw rooŋphayabaan [カウローングパヤバーン] 入院する

□ 459 同情する
🎧 เห็นใจ

A*: พ่อ เป็น มะเร็ง แม่ ก็ เลย ลำบาก มาก ค่ะ
phɔ̂ɔ pen márɛŋ mɛ̂ɛ kɔ̂ɔ ləəy lambàak mâak khâ

B: เห็นใจ คุณ แม่ คุณ นะ ครับ คง เหนื่อย ทั้ง กาย และ ใจ
hěncay khun mɛ̂ɛ khun ná khráp khoŋ nùay tháŋ kaay lé cay

A: 父が癌で，母が大変なんです。
B: お母さんに同情します，きっと心身ともにお疲れでしょう。

márɛŋ [マレング] 癌　　kɔ̂ɔ ləəy [ゴールーイ] なので〜，それで　　lambàak [ラムバーク] 困難な，
大変な，苦しい，辛い　　hěncay [ヘンヂャイ] 同情する　　nùay [ヌアイ] 疲れた，疲れる
tháŋ kaay lé cay [タングガーイレヂャイ] 心身とも 《kaay [ガーイ] 身体》

☐ **460** 心配しないで
🎧 อย่าเป็นห่วง

A*: น้ำท่วม อีก แล้ว ไม่ น่า จะ ขับ รถ ไป
náamthûam ìik léɛw mây nâa ca khàp rót pay

B: อย่า เป็นห่วง ผม เดิน ไป แล้ว ขึ้น BTS
yàa pen hùaŋ phǒm dəən pay léɛw khûn BTS

A: また洪水よ，車で行くべきじゃないわね。
B: 心配するなよ，歩いて行って BTS に乗るよ。

ポイント náamthûam [ナームトゥアム] 洪水　　mây nâa ca ~ [マイナーヂャ] ～すべきでない，～しないほう がいい　　pen hùaŋ [ペンフアング] 心配する

☐ **461** くよくよすることはない
🎧 ไม่ต้องกลุ้มใจ

A*: ทำไง ดี ลูก ตกงาน หา งาน ใหม่ ก็ ไม่ ง่าย เลย
thamŋay dii lûuk tòk ŋaan hǎa ŋaan mày kô mây ŋâay ləəy

B: ไม่ ต้อง กลุ้มใจ ผม จะ ช่วย หา งาน ให้
mây tɔ̂ŋ klûmcay phǒm ca chûay hǎa ŋaan hây

A: どうしよう，息子が失業したわ。新しい仕事を探すのも簡単じゃないし。
B: くよくよすることないよ，わたしも職探し手伝ってあげる。

ポイント tòk ŋaan [トック・ンガーン] 失業する　　ŋâay [ンガーイ] 易しい　　mây tɔ̂ŋ [マイトング] ～する必 要はない　　klûmcay [グルムヂャイ] 悩む，くよくよする，心配する 動詞＋hây [ハイ]：～してあげる

☐ **462** 深刻に考えないで
🎧 อย่าคิดหนัก

A: ผม เสียใจ ที่ ทำ ให้ เขา เจ็บใจ มาก
phǒm sǐacay thîi tham hây kháw cèpcay mâak

B*: อย่า คิด หนัก ซิ คะ เขา ก็ รู้ ตัว แล้ว ว่า ตัวเอง ทำผิด
yàa khít nàk sí khá kháw kɔ̂ rúutua léɛw wâa tuaeeŋ tham phìt

A: 彼をひどく傷つけてしまって残念だ。
B: 深刻に考えないでよ。彼も自分が間違ったことをしたと気づいているわ。

ポイント cèpcay [ヂェップヂャイ] 心痛する，こころが傷つく　　khít nàk [キットナック] 深刻に考える rúutua [ルートゥア] 自覚する，気づく　　wâa [ワー]《英語の関係代名詞 that のような働きをする》 tuaeeŋ [トゥアエーン] 自分，自分自身

463

たいしたことではない
เรื่องเล็ก

A*: ถ้วย กาแฟ ตก ทำให้ พรม เปื้อน แล้ว แย่ จริงๆ
thûay kaafɛɛ tòk thamhây phrom pûan lɛ́ɛw yɛ̂ɛ ciŋciŋ

B: อย่า จู้จี้ เรื่องเล็ก
yàa cûucîi rûaŋ lék

> A: コーヒーカップが落ちてカーペットが汚れちゃったわ，ほんとやだやだ。
> B: わーわーうるさくするなよ，たいしたことじゃない。

ポイント phrom [プロム] カーペット　　pûan [プアン] 汚れる　　cûucîi [ヂューヂー]《つまらないことなどに》騒ぎ立てる，うるさい　　rûaŋ lék [ルアングレック] 些細なこと

464

なんでもない
ไม่เป็นไร

A: ไอ้ย่า ลืม ซื้อ น้ำปลา มา
ây-yâa lɯɯm sɯ́ɯ námplaa maa

B*: ไม่เป็นไร ยัง มี อีก นิด หนึ่ง
mâypenray yaŋ mii ìik nít nùŋ

> A: ありゃ，ナンプラー買ってくるの忘れた。
> B: 大丈夫よ，まだ少しあるわ。

ポイント lɯɯm [ルーム] 忘れる　　mâypenray [マイペンライ] なんでもない，大丈夫，かまわない　　ìik nít nùŋ [イークニットヌング] もう少し

465

心配いらない
ไม่ต้องห่วง

A*: หัวหน้า คะ ยัง ไม่ ได้ ติดต่อ ลูกค้า ราย นี้
hǔanâa khá yaŋ mây dây tìttɔ̀ɔ lûukkháa raay níi

B: ไม่ ต้อง ห่วง ผม ทำ เอง
mây tɔ̂ŋ hùaŋ phǒm tham eeŋ

> A: チーフ，このクライアントにはまだ連絡していません。
> B: 心配しないでいい，わたしがやる。

ポイント hǔanâa [フアナー] チーフ，係長など　　lûukkháa [ルークカー] クライアント　　raay [ラーイ] 件《ここではクライアントの類別詞》　　hùaŋ [フアング] 気にかける，心配する

466 がっかりしないで
อย่าท้อใจ

A: อกหัก อีก แล้ว
òkhàk iik lέεw

B*: อย่า ท้อใจ สิ สาวๆ ยัง มี อีก เยอะ
yàa thɔ́ɔcay sì sǎawsǎaw yaŋ mii iik yə́

A: また失恋しちゃった。
B: がっかりしなさんな，若い女性はまだまだいっぱいいるし。

 òkhàk [オックハック] 失恋する　　thɔ́ɔcay [トーチャイ] 意気阻喪する，がっかりする
sǎaw [サーウ] 若い女性

467 がっかりしないで
อย่าท้อแท้

A: การแข่งขัน คราว นี้ ทีม เรา ไม่ ได้ ชนะเลิศ
kaankhὲŋkhǎn khraaw níi thiim raw mây dây chánálə̂ət

B*: อย่า ท้อแท้ ยัง มี โอกาส นะ
yàa thɔ́ɔthέε yaŋ mii ookàat ná

A: 今回の試合では，ぼくたちのチームは優勝できませんでした。
B: くじけないで，まだチャンスはあるじゃない。

 kaankhὲŋkhǎn [ガーンケングカン] 試合　　chánálə̂ət [チャナルート] 優勝する
thɔ́ɔthέε [トーテー] くじける，がっかりする　　ookàat [オーカート] チャンス，機会

468 やる気をなくさないでほしい
ไม่อยากให้เสียกำลังใจ

A: ฝึกงาน ที่นี่ ยาก เหลือ เกิน ชักจะ ท้อแท้
fùk ŋaan thîinîi yâak lǔa kəən chák cà thɔ́ɔthέε

B*: ไม่ อยาก ให้ เสีย กำลังใจ นะ คะ ไม่ ต้อง ใจเร็ว
mây yàak hây sǐa kamlaŋcay ná khá mây tɔ̂ŋ cayrew

A: ここの研修はあまりにも難しいです。くじけそうです。
B: やる気をなくさないでください。焦る必要はないです。

 fùk ŋaan [フック・ンガーン] 仕事の研修　　~ lǔa kəən [ルアグーン] あまりにも~
chák cà ~ [チャクチャ] ~しそう　　sǐakamlaŋcay [シアガムラングチャイ] やる気をなくす，がっくりする

□ 469 人生はそんなもの

ชีวิตเป็นแบบนี้

A*: วิไล กับ เกษม หย่า แล้ว คู่ นี้ เคย รัก กัน มาก นะคะ
Wílay kàp Kasěem yàa lɛ́ɛw khûu níi khəəy rák kan mâak ná khá

B: ชีวิต เป็น แบบนี้ แหละ
chiiwít pen bɛ̀ɛp níi lɛ̀

A: ウィライとガセームが離婚しちゃったわ，このふたりはすごく愛し合ってたのに〜。
B: 人生ってそんなものさ。

> yàa [ヤー] 離婚する　khûu [クー] カップル　chiiwít [チーウィット] 人生，生命，生活
> bɛ̀ɛp níi [ベープニー] この［その］ような　lɛ̀ [レ] 〜さ，〜だよ《強調の語気助詞》

□ 470 あたりまえのこと

เป็นเรื่องธรรมดา

A: ผม เจ๊ง แล้ว ไม่ มี เพื่อน มา หา เลย
phǒm céŋ lɛ́ɛw mây mii phʉ̂an maa hǎa ləəy

B*: เศร้าใจ แต่ เป็น เรื่อง ธรรมดา ใน สังคม เรา
sâwcay tɛ̀ɛ pen rʉ̂aŋ thammadaa nay sǎŋkhom raw

A: 倒産したら友達が誰もこなくなった。
B: 悲しいわね，でもこの社会じゃ，あたりまえの話ね。

> céŋ [ヂェング] 倒産する　sâwcay [サウヂャイ] 悲しむ　thammadaa [タムマダー] 普通の，あた
> りまえの　nay [ナイ] 〜の中で［に］　sǎŋkhom [サンコム] 社会　raw [ラウ] 私たち，我々

□ 471 人生いろいろ

ชีวิตมีรสชาติ

A: ธุรกิจ ผม เผชิญ กับ ปัญหา อีก ชีวิต ไม่ ราบเรียบ เลย นะ
thúrákìt phǒm phachəən kàp panhǎa ìik chiiwít mây râaprîap ləəy ná

B*: คน ก็ ว่ากันว่า ชีวิต มี รสชาติ
khon kɔ̂ wâa kan wâa chiiwít mii rótchâat

A: わたしの事業でまた問題にぶつかっている。人生平坦にはいかないね。
B: よく言うじゃないの，人生いろいろって。

> phachəən [パチューン] 遭遇する，ぶつかる　râaprîap [ラープリアップ] 平らな，平静な
> wâa kan wâa [ワー ガン ワー] 〜と言われている　rótchâat [ロットチャート] 味

472　きみのせいじゃない
เธอไม่ผิด

A*: เสียใจ ที่ ให้ เขา ไป　ถ้า ไม่ ไป ก็ ไม่ เจอ อุบัติเหตุ
sǐacy thîi hây kháw pay　thâa mây pay kɔ̂ mây cəə ubàttihèet

B: เธอ ไม่ ผิด นะ　อย่า ร้องไห้
thəə mây phìt ná　yàa rɔ́ɔŋhây

A: あの子を行かせなければよかった。行かなければ事故に遭わなかったのに。
B: きみが悪いわけじゃないよ，泣くなよ。

> **ポイント** sǐacy [シアヂャイ] 遺憾だ　　ubàttihèet [ウバッティヘート] 事故
> phìt [ピット] 間違っている，誤りである　　rɔ́ɔŋhây [ローングハイ] 泣く

473　自分を責めないで
อย่าตำหนิตัวเอง

A*: ดิฉัน ผิด เอง ค่ะ　คุณ ไม่ เกี่ยว
dichán phìt eeŋ khâ　khun mây kìaw

B: อย่า ตำหนิ ตัวเอง　ผม ก็ มี ส่วน
yàa tamnì tuaeeŋ　phǒm kɔ̂ mii sùan

A: わたしが間違っていました。あなたは関係ありません。
B: 自分を責めないで。わたしにも関わりがあります。

> **ポイント** eeŋ [エーン] 自分で　　kìaw [ギアウ] 関係する　　tamnì [タムニ] 責める
> mii sùan [ミースアン] 部分的に関わっている

474　誰でも間違いをする
ใครๆก็ทำผิดได้

A*: วันนี้ ทำ ผิด ที่ ศูนย์จำหน่าย　ผิด นัด ลูกค้า
wanníi tham phìt thîi sǔuncamnàay　phìt nát lûukkháa

B: ใครๆ ก็ ทำ ผิด ได้　คราว หน้า อย่า ผิด
khraykhray kɔ̂ tham phìt dây　khraaw nâa yàa phìt

A: 今日販売センターで間違いをしたの。お客様のアポを間違えたの。
B: 誰でも間違いを犯すことはある，この次は間違えないように。

> **ポイント** thamphìt [タムピット] 間違いを犯す　　sǔun [スーン] センター　　camnàay [ヂャムナーイ] 販売する
> phìt [ピット] 間違える，誤る：《約束や規則を》破る　　nát [ナット] アポ（をとる）
> khraykhray [クライクライ] 誰でも

475 無理しないで
อย่าฝืนใจ

A: ผม จะ อด เบียร์ จน กว่า จะ สอบ ได้ เป็น เอ็นจิเนียร์
phǒm ca òt bia con kwàa ca sɔ̀ɔp dây pen encinia

B*: อย่า ฝืนใจ มาก นะ คะ
yàa fɯ̌ɯncay mâak ná khá

A: 試験に受かってエンジニアになるまでビールを絶つよ。
B: あまり無理しないでね。

 òt ~ [オット] ~なしですます，~を絶つ　conkwàa ~ [ヂョングワー] ~するまで
sɔ̀ɔp dây [ソープダイ] 試験に受かる　fɯ̌ɯncay [フーンチャイ] 無理する，無理強いする

 476 がんばり過ぎないで
อย่าทำงานหนักเกินไป

A: ตอน นี้ งาน ยุ่ง เหลือ เกิน กลับ บ้าน ดึก ทุก วัน เลย
tɔɔn níi ŋaan yûŋ lɯ̌akəən klàp bâan dùk thúk wan ləəy

B*: อย่า ทำงาน หนัก เกินไป ซิ คะ เดี๋ยว ไม่ สบาย
yàa thamŋaan nàk kəən pay sí khá dǐaw mây sabaay

A: ここのところ仕事があまりにも忙しくて毎日帰宅が遅くなるんだ。
B: あまりがんばり過ぎないようにね，具合悪くなるわよ。

 lɯ̌akəən [ルアグーン] あまりにも　thamŋaan nàk [タム・ンガーン　ナック] よく働く，ハードワークする
~ kəən pay [グーンパイ] ~過ぎる

 477 少しは休んだほうがいい
น่าจะพักผ่อนบ้าง

A: ช่วงนี้ รับ ออร์เดอร์ มาก ก็ เลย เหนื่อย
chûaŋ níi ráp ɔ̀ɔdɤ̂ɤ mâak kɔ̂ ləəy nɯ̀ay

B*: น่าจะ พักผ่อน บ้าง
nâa ca phákphɔ̀ɔn bâaŋ

A: 最近注文が多くて，ひどく疲れたよ。
B: ちょっとは休んだほうがいいわ。

ráp [ラップ] 受ける，受け取る，採用する，迎える　ɔ̀ɔdɤ̂ɤ [オーダー] 注文，オーダー
kɔ̂ ləəy [ゴーロイ] それで　nɯ̀ay [ヌアイ] 疲労する，疲れる
nâa ca [ナーヂャ] ~したほうがよい　phákphɔ̀ɔn [パックポーン] 休養する，休む

☐ 478

🎧 気をつけて
ระวังตัว

A*: วันนี้ มี ธุระ กลับ ดึก นะ คะ
　　wanníi mii thúrá klàp dùk ná khá

B: ระวัง ตัว นะ　ซอย นี้ กลางคืน คน เดิน น้อย
　　rawaŋ tua ná　sɔɔy níi klaaŋkhʉʉn khon dəən nɔ́ɔy

- -

　A: 今日は用事があって夜遅くなるわ。
　B: 気をつけろよ，この横丁は夜は歩いてる人が少ないから。

ポイント rawaŋ tua [ラワングトゥァ] 気をつける，用心する　　sɔɔy [ソーイ] 横丁，路地
　　klaaŋkhʉʉn [グラーングクーン] 夜

☐ 479

🎧 細心の注意を払って〜する
〜 อย่างระมัดระวัง

A: ได้ ใบขับขี่ แล้ว
　　dây bay khàpkhìi lɛ́ɛw

B*: แรกๆ ขับ รถ อย่าง ระมัดระวัง นะ
　　rɛ̂ɛkrɛ̂ɛk khàp rót yàaŋ ramátrawaŋ ná

- -

　A: 免許証，取れたよ。
　B: はじめはすごく慎重に運転しなさいね。

ポイント bay khàpkhìi [バイカップキー] 運転免許証　　rɛ̂ɛkrɛ̂ɛk [レークレーク] はじめのうち，当初
　　ramátrawaŋ [ラマットラワング] よく注意する，用心を重ねる

☐ 480

🎧 身体に気をつけて
ระวังรักษาสุขภาพให้ดี

A*: พรุ่งนี้ จะ กลับ อุบล แล้ว　ปีหน้า ค่อย เจอ กัน ใหม่ ค่ะ
　　phrûŋníi ca klàp ùbon lɛ́ɛw　pii nân khɔ̂y cəə kan mày khâ

B: ระวัง รักษา สุขภาพ ให้ ดี นะ ครับ
　　rawaŋ ráksǎa sùkkháphâap hây dii ná khráp

- -

　A: 明日ウボンに帰ります。来年また会いましょう。
　B: 身体に気をつけてください。

ポイント ùbon [ウボン] ウボンラーチャタニ〈地名〉　　khɔ̂y [コイ] 動詞の前に置いて，ぼちぼち [ゆっくり] 〜する，というニュアンスになる。慣用的に使うので特に日本語にする必要はない　　mày [マイ] もう一度，再び　　rawaŋ [ラワング] 〜に気をつける　　ráksǎa [ラクサー] 維持する，保つ　　sùkkháphâap [スッカパープ] 健康

481 ～にうんざりする
เบื่อหน่ายกับ ～

A*: ฉัน เบื่อหน่าย กับ อาหาร ที่ หอพัก โรงเรียน แล้ว
chǎn bùanàay kàp ahǎan thîi hɔ̌ɔphák rooŋrian lɛ́ɛw

B: ออก ไป กิน ข้างนอก บ้าง สิ
ɔ̀ɔk pay kin khâaŋnɔ̂ɔk bâaŋ sì

A: 学校の寮の食事にもうあきあきしちゃった。
B: 時には外食したらいいよ。

bùanàay [ブアナーイ] うんざりする, あきあきする   hɔ̌ɔphák [ホーパック] 寮
ɔ̀ɔk pay [オークパイ] 出て行く   kin khâaŋnɔ̂ɔk [ギンカングノーク] 外食する
bâaŋ [オークパイ] 多少（は）, いくらかの

482 ～にうんざりする
เอือมระอา ที่ ～

A: ผม เอือมระอา ที่ เตือน เท่าไร เขา ก็ ไม่ ยอม เปลี่ยน
phǒm ɯamráaa thîi tɯan thâwray kháw kɔ̂ mây yɔɔm plìan

B*: ปล่อย เขา ไป เถอะ
plɔ̀y kháw pay thə̀

A: 彼にいくら忠告しても変えようとしなくて, うんざりだ。
B: 放っておきなさいよ。

ɯamráaa [ウアムラアー] うんざりする, あきあきする   tɯan [トゥアン] 忠告する, 警告する
plɔ̀y [プロイ] 放っておく

483 もう耐えられない
ทนไม่ไหวแล้ว

A*: ทน ไม่ ไหว แล้ว   แก มี แฟน ใหม่
thon mây wǎy lɛ́ɛw   kɛɛ mii fɛɛn mày

B: อ้าว   คิด จะ แต่งงาน กับ แก ไม่ ใช่ เหรอ
âaw   khít ca tὲŋŋaan kàp kɛɛ mây chây lɔ̌ɔ

A: もう耐えられないわ。あの人, 新しい彼女がいるのよ。
B: え～, 結婚するつもりじゃなかったのかい？

thon [トン] 耐える   kɛɛ [ゲー] 彼, 彼女《親しい場合》   fɛɛn [フェーン] 彼氏, 彼女, 夫, 妻
âaw [アーウ] 驚きや落胆を表す間投詞《英語の Oh!》   khít ca [キットヂャ] ～するつもりだ
tὲŋŋaan [テンガーン] 結婚する   mây chây lɔ̌ɔ [ルー] ～ではないのか

□ 484 ごめん
🎧 โทษที

A: โทษที ที่ ลืม บอก
thôotthii thîi lɯɯm bɔ̀ɔk

B*: เอ๊ ไป ไม่ ได้ เหรอ
ée pay mây dây lɔ̌ə

A: 言うの忘れてごめん。
B: え～，行けないの？

ポイント thôotthii [トートティー]: khɔ̌ɔthôot [コートート]（ごめんなさい）の簡略な表現
lɯɯm [ルーム] 忘れる

□ 485 ごめんなさい
🎧 ขอโทษ

A: โอ๊ย เจ็บ
óoy cèp

B*: ขอโทษ ค่ะ ที่ เหยียบ เท้า คุณ
khɔ̌ɔthôot khâ thîi yìap tháaw khun

A: あっ，痛っ。
B: ごめんなさい，足を踏んでしまって。

ポイント cèp [ヂェップ] 痛い yìap [イアップ] 踏む，踏みつける

□ 486 申し訳ございません
🎧 ขอประทานโทษ

A: ขอ ประทานโทษ ครับ ที่ มา สาย
khɔ̌ɔ prathaanthôot khráp thîi maa sǎay

B*: คราวหน้า ให้ มา ตรง เวลา
khraaw nâa hây maa troŋ weelaa

A: 遅くなりまして申し訳ございません。
B: 次回は時間どおりに来るようにしなさい。

---

 khɔ̌ɔ prathaanthôot [コープラターントート] 申し訳ございません〈目上に対しての丁寧で恐縮した表現〉 maa sǎay [マーサーイ] 遅れてくる troŋ weelaa [トゥロングウェラー] 時間どおり，時間に正確

□ **487**
ごめんなさい
ขออภัย

A: เมื่อ วันเสาร์ ที่ แล้ว ทำไม ไม่ มา ปาร์ตี้ ที่ บ้าน
mûa wansǎw thîi lɛ́ɛw thammay mây maa paatii thîi bâan

B*: ขอ อภัย ค่ะ มี ธุระ ค่ะ
khɔ̌ɔ aphay khâ mii thúrá khâ

A: 先週の土曜日，どうしてうちのパーティーに来なかったんだ？
B: ごめんなさい，用事があったの。

ポイント khɔ̌ɔ aphay [コーアパイ] ごめんなさい《許しを乞う》〈aphay [アパイ] 許す〉
mii thúrá [ミートゥラ] 用事がある

□ **488**
〜について許しを乞う
ขออภัยที่ ~

A: เขา ขอ อภัย ที่ ทำให้ เธอ เจ็บใจ นะ
kháw khɔ̌ɔ aphay thîi thamhây thəə cèpcay ná

B*: ทำไม ไม่ พูด กับ ฉัน โดย ตรง ล่ะ
thammay mây phûut ka chán dooy troŋ lâ

A: きみを傷つけてしまってすまないと彼が言ってる。
B: どうしてわたしに直接言わないの？

ポイント cèpcay [チェップチャイ] こころが痛む，心痛する   dooy troŋ [ドーイトゥロング] 直接

□ **489**
〜してすみません
เสียใจที่ ~

A: เสียใจ ที่ ส่ง ของ ไม่ ทัน ครับ
sǐacay thîi sòŋ khɔ̌ɔŋ mây than kháp

B*: จะ ได้ เมื่อไร คะ
ca dây mûaray khá

A: 荷物の発送が間に合わなくてすみません。
B: いつもらえるんですか？

ポイント sòŋ [ソン] 送る，提出する   mây than [マイタン] 間に合わない   dây [ダイ] 得る，もらう

☐ **490** 遅れてごめんなさい
🎧 ขอโทษที่มาสาย

A: ขอโทษ ที่ มา สาย   รถ ติด ที่ สุขุมวิท เกือบ ชั่วโมง
khɔ̌ɔthôot thîi maa sǎay rót tìt thîi sùkhǔmwít kùap chûamooŋ

B*: นึก ว่า ไม่ มา เสีย แล้ว
núk wâa mây maa sía lɛ́ɛw

A: 遅れてすまない，スクムビットで1時間近く渋滞してたんだ。
B: もう来ないのかと思ったわ。

ポイント maa sǎay [マーサーイ] 時間に遅れて来る　　rót tìt [ロットティット] 渋滞する
kùap [グアップ] ほとんど　　núk wâa ~ [ヌックワー] ~かと思う

☐ **491** 待たせてごめんなさい
🎧 ขอโทษที่ให้รอนาน

A: ขอโทษ ที่ ให้ รอ นาน ครับ
khɔ̌ɔthôot thîi hây rɔɔ naan khráp

B*: ไม่เป็นไร   วันนี้ มี เวลา
mây pen ray wanníi mii weelaa

A: 長く待たせてすみません。
B: 大丈夫よ，今日は時間があるわ。

ポイント rɔɔ [ロー] 待つ　　hây rɔɔ naan [ハイローナーン] 長く待たせる

☐ **492** 気にするなよ
🎧 ไม่เป็นไรนะ

A*: แหม รอ ตั้ง ครึ่ง ชั่วโมง กว่า
mɛ̌ɛ rɔɔ tâŋ khrɯ̂ŋ chûamooŋ kwàa

B: ไม่เป็นไร น้า นิดเดียว นี่เอง
mâypenray náa nítdiaw nîieeŋ

A: あぁ～，もう30分以上も待ったわよ。
B: 気にするなよ，ほんのちょっとだよ。

ポイント tâŋ ~ [タング] ~も〈強め〉　　khrɯ̂ŋ chûamooŋ [クルングチョモーング] 半時間
kwàa [グワー] ~以上　　náa [ナー]:ná を伸ばした言い方　　nítdiaw [ニットディアウ] 少し（だけ）
~ nîieeŋ [ニーエーング] ほんの～，たったの～

7-21. 責任を回避する

□ 493

～責任者ではありません
ไม่ใช่ผู้รับผิดชอบ

A*: เครื่องแอร์ ซ่อม เสร็จ ไม่ นาน ก็ เสีย อีก ใคร เป็น ผู้รับผิดชอบ
khrûaŋɛɛ sɔ̂ɔm sèt mây naan kô sǐa ìik khray pen phûurápphìtchɔ̀ɔp

B: ผม ไม่ใช่ ผู้รับผิดชอบ ครับ รอ สักครู่ ครับ
phǒm mây chây phûurápphìtchɔ̀ɔp khráp rɔɔ sák khrûu khráp

A: エアコン，修理して間もないのにまた壊れたわ，誰が責任者なの？
B: わたしは責任者ではありません，少々お待ちください。

ポイント khrûaŋɛɛ [クルアングエェー] エアコン sɔ̂ɔm sèt [ソームセット] 修理し終わる sǐa [シア] 壊れる，故障する phûurápphìtchɔ̀ɔp [プーラップピットチョープ] 責任者 rɔɔ [ロー] 待つ sák khrûu [サッククルー] しばらくの間

□ 494

わざとではない
ไม่ได้แกล้งทำ

A*: อุ๊ย อันตราย เกือบ ตก บันได นะ
úy antaraay kùap tòk banday ná

B: อ้อ ขอโทษ ครับ ไม่ ได้ แกล้ง ทำ ครับ
ɔ̂ɔ khɔ̌ɔthôot khráp mây dây klɛ̂ɛŋ tham khráp

A: わっ，危ない，階段落ちるところだったわ。
B: あっ，すみません，わざとやったわけじゃありません。

ポイント antaraay [アンタラーイ] 危険だ kùap [グアップ] ～しそうになる，～しするところだった tòk banday [トックバンダイ] 階段を落ちる klɛ̂ɛŋ tham [グレングタム] わざとする

□ 495

たまたま～
เผอิญ

A*: ได้ ข่าว จาก ใคร คะ
dây khàaw càak khray khá

B: เผอิญ เจอ สมบูรณ์ เมื่อวานนี้ เขา ก็ บอก
phaəən cəə Sǒmbuun mûawaanníi kháw kô bɔ̀ɔk

A: 誰から聞いたの？
B: 昨日たまたまソムブーンに会ったんだ，彼が言ってた。

ポイント dây khàaw [ダイカーウ] ～を知る，情報を得る phaəən [パウーン] 偶然，たまたま

☐ 496

当方の誤りです

เป็นความผิดของเรา

A*: พนักงาน คน นี้ อธิบาย ไม่ ถูก ก็ เลย ทำให้ เสียหาย
　　phanákŋaan khon níi athíbaay mây thùuk kô ləəy tham hây sǐa hǎay

B: เป็น ความผิด ของ เรา เรา จะ จ่าย ค่าเสียหาย ครับ
　　pen khwaamphìt khɔ̌ɔŋ raw　raw ca càay khâa sǐa hǎay khráp

A: このスタッフの説明が間違っていたから，損害を被りました。
B: 当方の誤りですから，損害額をお払いします。

 phanákŋaan [パナック・ンガーン] 社員，職員　　athíbaay [アティバーイ] 説明する
sǐa hǎay [シア ハーイ] 損害を被る，被害を受ける　　khwaamphìt [クワームピット] 誤り，間違い
càay [チャーイ] 支払う　　khâa sǐa hǎay [カーシアハーイ] 損害額，損失額

☐ 497

原因は〜にある

สาเหตุอยู่ที่ ~

A*: ทำไม คน เข้า ประชุม น้อย จัง
　　thammay khon khâw prachum nɔ́ɔy caŋ

B: สาเหตุ อยู่ ที่ ผม แน่　เพราะ ว่า ลืม บอก ฝ่าย ธุรการ
　　sǎahèet yùu thîi phǒm nɛ̂ɛ　phrɔ́ wâa luuum bɔ̀ɔk fàay thúrákaan

---

A: どうして会議に出席してる人がすごく少ないのかしら。
B: 原因はぼくに違いないな，庶務課に伝えるの忘れたんだ。

sǎahèet [サーヘート] 原因　　nɛ̂ɛ [ネー] きっと，確かに　　fàay [ファーイ] 課，係，側
thúrákaan [トゥラガーン] 事務，庶務

☐ 498

わたしが責任をとります

ผม/ดิฉันรับผิดชอบ

A: เรื่อง นี้ ผม รับผิดชอบ ครับ
　　rûaŋ níi phǒm ráp phìt chɔ̂ɔp khráp

B*: งั้น แก้ ปัญหา ได้ แล้ว จะ โทร มา บอก นะ คะ
　　ŋán kɛ̂ɛ panhǎa dâay lɛ́ɛw ca thoo maa bɔ̀ɔk ná khá

A: この件はわたしが責任をとります。
B: では問題が解決したら，電話してくださいね。

ráp phìt chɔ̂ɔp [ラップピットチョープ] 責任をとる　　kɛ̂ɛ panhǎa [ゲーパンハー] 問題を解決する

荘司 和子（しょうじ・わこ）

　1965年国際基督教大学卒業。バンコクの女子校で英語講師を務め，帰国後タイ大使館勤務を経てタイ語講師として，朝日カルチャーセンター，和光大学などで勤務するかたわら，タイ語通訳のプロ第1号としても国際会議の同時通訳，政財界の要人通訳などで活躍する。

　訳書に『ジット・ブミサク』（鹿砦社），『カラワン楽団の冒険』（晶文社），著書に『ゼロから始めるタイ語』（語研），『ソムタムの歌』（筑摩書房），『マイペンライ：タイ語ってどんな言葉？』（筑摩書房）など多数ある。

© Wako Shoji, 2020, Printed in Japan

3パターンで決める
日常タイ語会話ネイティブ表現【新装版】

2014年 7 月 1 日　　　初版 第 1 刷発行
2020年 10 月 30 日　　新装版 第 1 刷発行

著　者　荘司 和子
制　作　ツディブックス株式会社
発行者　田中 稔
発行所　株式会社 語研
　　　　〒 101-0064
　　　　東京都千代田区神田猿楽町 2-7-17
　　　　電　話 03-3291-3986
　　　　ファクス 03-3291-6749
組　版　ツディブックス株式会社
印刷・製本　倉敷印刷株式会社

ISBN978-4-87615-364-0 C0087
書名　ニチジョウ タイゴカイワ ネイティブヒョウゲン シンソウバン
著者　ショウジ ワコ
著作者および発行者の許可なく転載・複製することを禁じます。

定価はカバーに表示してあります。
乱丁本，落丁本はお取り替えいたします。

株式会社 語研
語研ホームページ https://www.goken-net.co.jp/

本書の感想は
スマホから↓